Freud | Das Unheimliche

Sigmund Freud

Das Unheimliche

Herausgegeben von Oliver Jahraus

Reclam

RECLAMS UNIVERSAL-BIBLIOTHEK Nr. 14030
2020, 2021 Philipp Reclam jun. Verlag GmbH,
Siemensstraße 32, 71254 Ditzingen
Durchgesehene Ausgabe 2021
Gestaltung: Cornelia Feyll, Friedrich Forssman
Druck und Bindung: Esser printSolutions GmbH,
Untere Sonnenstraße 5, 84030 Ergolding
Printed in Germany 2025
RECLAM, UNIVERSAL-BIBLIOTHEK und
RECLAMS UNIVERSAL-BIBLIOTHEK sind eingetragene Marken
der Philipp Reclam jun. GmbH & Co. KG, Stuttgart
ISBN 978-3-15-014030-7

www.reclam.de | info@reclam.de

Das Unheimliche (1919)

I.

[297] Der Psychoanalytiker verspürt nur selten den Antrieb zu ästhetischen Untersuchungen, auch dann nicht, wenn man die Ästhetik nicht auf die Lehre vom Schönen einengt, sondern sie als Lehre von den Qualitäten unseres Fühlens beschreibt. Er arbeitet in anderen Schichten des Seelenlebens und hat mit den zielgehemmten, gedämpften, von so vielen begleitenden Konstellationen abhängigen Gefühlsregungen, die zumeist der Stoff der Ästhetik sind, wenig zu tun. Hie und da trifft es sich doch, daß er sich für ein bestimmtes Gebiet der Ästhetik interessieren muß, und dann ist dies gewöhnlich ein abseits liegendes, von der ästhetischen Fachliteratur vernachlässigtes.

Ein solches ist das »Unheimliche«. Kein Zweifel, daß es zum Schreckhaften, Angst- und Grauenerregenden gehört, und ebenso sicher ist es, daß dies Wort nicht immer in einem scharf zu bestimmenden Sinne gebraucht wird, so daß es eben meist mit dem Angsterregenden überhaupt zusammenfällt. Aber man darf doch erwarten, daß ein besonderer Kern vorhanden ist, der die Verwendung eines besonderen Begriffswortes rechtfertigt. Man möchte wissen, was dieser gemeinsame Kern ist, der etwa gestattet, innerhalb des Ängstlichen ein »Unheimliches« zu unterscheiden.

Darüber findet man nun so viel wie nichts in den ausführlichen Darstellungen der Ästhetik, die sich überhaupt lieber mit den schönen, großartigen, anziehenden, also mit den positiven Gefühlsarten, ihren Bedingungen und den Gegenständen, die sie hervorrufen, als mit den gegensätzlichen, abstoßenden, peinlichen beschäftigen. Von seiten der ärztlich-psychologischen Literatur kenne ich nur die eine, inhaltsreiche aber nicht erschöpfende, Abhandlung von E. Jentsch (Zur [298] Psychologie des Unheimlichen, Psychiatr.-neurolog. Wochenschrift 1906 Nr. 22 u. 23). Allerdings muß ich gestehen, daß aus leicht zu erratenden, in der Zeit liegenden Gründen die Literatur zu diesem kleinen Beitrag, insbesondere die fremdsprachige, nicht gründlich herausgesucht wurde, weshalb er denn auch ohne jeden Anspruch auf Priorität vor den Leser tritt.

Als Schwierigkeit beim Studium des Unheimlichen betont Jentsch mit vollem Recht, daß die Empfindlichkeit für diese Gefühlsqualität bei verschiedenen Menschen so sehr verschieden angetroffen wird. Ja, der Autor dieser neuen Unternehmung muß sich einer besonderen Stumpfheit in dieser Sache anklagen, wo große Feinfühligkeit eher am Platze wäre. Er hat schon lange nichts erlebt oder kennen gelernt, was ihm den Eindruck des Unheimlichen gemacht hätte, muß sich erst in das Gefühl hineinversetzen, die Möglichkeit desselben in sich wachrufen. Indes sind Schwierigkeiten dieser Art auch auf vielen anderen Gebieten der Ästhetik mächtig; man braucht darum die Erwartung nicht aufzugeben, daß sich die Fälle werden herausheben lassen, in denen der fragliche Charakter von den meisten widerspruchslos anerkannt wird.

Man kann nun zwei Wege einschlagen: nachsuchen, welche Bedeutung die Sprachentwicklung in dem Worte »unheimlich« niedergelegt hat, oder zusammentragen, was an Personen und Dingen, Sinneseindrücken, Erlebnissen und Situationen das Gefühl des Unheimlichen in uns wachruft, und den verhüllten Charakter des Unheimlichen aus einem allen Fällen Gemeinsamen erschließen. Ich will gleich verraten, daß beide Wege zum nämlichen Ergebnis führen, das Unheimliche sei jene Art des Schreckhaften, welche auf das Altbekannte, Längstvertraute zurückgeht. Wie das möglich ist, unter welchen Bedingungen das Vertraute unheimlich, schreckhaft werden kann, das wird aus dem Weiteren ersichtlich werden. Ich bemerke noch, daß diese Untersuchung in Wirklichkeit den Weg über eine Sammlung von Einzelfällen genommen und erst später die Bestätigung durch die Aussage des Sprachgebrauchs gefunden hat. In dieser Darstellung werde ich aber den umgekehrten Weg gehen.

Das deutsche Wort »unheimlich« ist offenbar der Gegensatz zu heimlich, heimisch, vertraut und der Schluß liegt nahe, es sei etwas eben darum schreckhaft, weil es n i c h t bekannt und vertraut ist. Natürlich ist aber nicht alles schreckhaft, was neu und nicht vertraut ist; die Beziehung ist nicht umkehrbar. Man kann nur sagen, was neuartig ist, wird leicht schreckhaft und unheimlich; einiges Neuartige ist schreckhaft, durchaus nicht alles. Zum Neuen und Nichtvertrauten muß erst etwas hinzukommen, was es zum Unheimlichen macht.

J e n t s c h ist im ganzen bei dieser Beziehung des Unheimlichen zum Neuartigen, Nichtvertrauten, stehen geblieben. Er findet die wesentliche Bedingung für das Zustandekommen des unheimlichen Gefühls in der intellektuellen Unsicherheit. Das Unheimliche wäre eigentlich immer etwas, worin man sich sozusagen nicht auskennt. [299] Je besser ein Mensch in der Umwelt orientiert ist, destoweniger leicht wird er von den Dingen oder Vorfällen in ihr den Eindruck der Unheimlichkeit empfangen.

Wir haben es leicht zu urteilen, daß diese Kennzeichnung nicht erschöpfend ist, und versuchen darum, über die Gleichung unheimlich = nicht vertraut hinauszugehen. Wir wenden uns zunächst an andere Sprachen. Aber die Wörterbücher, in denen wir nachschlagen, sagen uns nichts Neues, vielleicht nur darum nicht, weil wir selbst Fremdsprachige sind. Ja wir gewinnen den Eindruck, daß vielen Sprachen ein Wort für diese besondere Nuance des Schreckhaften abgeht[1].

Lateinisch: (nach K.E. Georges, Kl. Deutschlatein. Wörterbuch 1898) ein unheimlicher Ort – locus suspectus; in unh. Nachtzeit – intempesta nocte.

Griechisch (Wörterbücher von Rost und von Schenkl) ξένος – also fremd, fremdartig.

Englisch (aus den Wörterbüchern von Lucas, Bellow, Flügel, Muret-Sanders) uncomfortable, uneasy, gloomy, dismal, uncanny, ghastly, von einem Hause: haunted, von einem Menschen a repulsive fellow.

Französisch (Sachs-Villatte) inquiétant, sinistre, lugubre, mal à son aise.

Spanisch (Tollhausen 1889) sospechoso, de mal aguëro, lugubre, siniestro.

Das Italienische und Portugiesische scheinen sich mit Worten zu begnügen, die wir als Umschreibungen bezeichnen würden. Im Arabischen und Hebräischen fällt unheimlich mit dämonisch, schaurig zusammen.

1 [Anm. 1 zu 299] Für die nachstehenden Auszüge bin ich Herrn Dr. Th. Reik zu Dank verpflichtet.

Kehren wir darum zur deutschen Sprache zurück.

In Daniel Sanders' Wörterbuch der Deutschen Sprache 1860 finden sich folgende Angaben zum Worte heimlich, die ich hier ungekürzt abschreiben und aus denen ich die eine und die andere Stelle durch Unterstreichung hervorheben will: (I. Bd., p. 729.)

Heimlich, a. (-keit, f. -en): 1. auch Heimelich, heimelig, zum Hause gehörig, nicht fremd, vertraut, zahm, traut und traulich, anheimelnd etc. *a)* (veralt.) zum Haus, zur Familie gehörig oder: wie dazu gehörig betrachtet, vgl. lat. familiaris, vertraut: Die Heimlichen, die Hausgenossen, Der heimliche Rat. 1. Mos. 41,45, 2. Sam. 23,23. 1. Chr. 12,25. Weish. 8,4., wofür jetzt: Geheimer (s. *d* 1.) Rat üblich ist, s. Heimlicher – *b)* von Thieren zahm, sich den Menschen traulich anschließend. Ggstz. wild, z. B. Tier, die weder wild noch heimlich sind etc. Eppendorf. 88, Wilde Thier … so man sie h. und gewohnsam um die Leute aufzeucht. 92. So diese Thierle von Jugend bei den Menschen erzogen, werden sie ganz h., freundlich etc. Stumpf 608a etc. – So noch: So h. ist's (das Lamm) und frißt aus meiner Hand. Hölty; Ein schöner, heimelicher (s. *c*) Vogel bleibt der Storch immerhin. Linck, Schl. 146. s. Häuslich. 1 etc. – *c)* traut, [300] traulich anheimelnd; das Wohlgefühl stiller Befriedigung etc., behaglicher Ruhe u. sichern Schutzes, wie das umschlossne wohnliche Haus erregend (vgl. Geheuer): Ist dir's h. noch im Lande, wo die Fremden deine Wälder roden? Alexis H. 1,1,289; Es war ihr nicht allzu h. bei ihm. Brentano Wehm. 92; Auf einem hohen h–en Schattenpfade .., längs dem rieselnden rauschenden und plätschernden Waldbach.

Forster B. 1,417. Die H–keit der Heimath zerstören. Gervinus Lit. 5,375. So vertraulich und heimlich habe ich nicht leicht ein Plätzchen gefunden. G. 14;14; Wir dachten es uns so bequem, so artig, so gemütlich und h. 15,9; In stiller H–keit, umzielt von engen Schranken. Haller; Einer sorglichen Hausfrau, die mit dem Wenigsten eine vergnügliche H–keit (Häuslichkeit) zu schaffen versteht. Hartmann Unst. 1,188; Desto h–er kam ihm jetzt der ihm erst kurz noch so fremde Mann vor. Kerner 540; Die protestantischen Besitzer fühlen sich ... nicht h. unter ihren katholischen Unterthanen, Kohl. Irl. 1,172; Wenns h. wird und leise / die Abendstille nur an deiner Zelle lauscht. Tiedge 2,39; Still und lieb und h., als sie sich / zum Ruhen einen Platz nur wünschen möchten. W. 11,144; Es war ihm garnicht h. dabei 27,170 etc. – Auch: Der Platz war so still, so einsam, so schatten-h. Scherr Pilg. 1,170; Die ab- und zuströmenden Fluthwellen, träumend und wiegenlied-h. Körner, Sch. 3,320 etc. – Vgl. namentl. Un-h. – Namentl. bei schwäb., schwzr. Schriftst. oft dreisilbig: Wie »heimelich« war es dann Ivo Abends wieder, als er zu Hause lag. Auerbach, D. 1,249; In dem Haus ist mir's so heimelig gewesen. 4,307; Die warme Stube, der heimelige Nachmittag. Gotthelf, Sch. 127,148; Das ist das wahre Heimelig, wenn der Mensch so von Herzen fühlt, wie wenig er ist, wie groß der Herr ist. 147; Wurde man nach und nach recht gemütlich und heimelig mit einander. U. 1,297; Die trauliche Heimeligkeit. 380,2,86; Heimelicher wird es mir wohl nirgends werden als hier. 327; Pestalozzi 4,240; Was von ferne herkommt ... lebt gw. nicht ganz heimelig (heimatlich, freundnachbarlich) mit den Leuten. 325; Die Hütte, wo /

er sonst so heimelig, so froh / … im Kreis der Seinen oft gesessen. Reithard 20; Da klingt das Horn des Wächters so heimelig vom Thurm / da ladet seine Stimme so gastlich. 49; Es schläft sich da so lind und warm / so wunderheim'lig ein. 23 etc. – Diese Weise verdiente allgemein zu werden, um das gute Wort vor dem Veralten wegen nahe liegender Verwechslung mit 2 zu bewahren. vgl.: »Die Zecks sind alle h. (2)« H…? Was verstehen sie unter h..? – »Nun … es kommt mir mit ihnen vor, wie mit einem zugegrabenen Brunnen oder einem ausgetrockneten Teich. Man kann nicht darüber gehen, ohne daß es Einem immer ist, als könnte da wieder einmal Wasser zum Vorschein kommen.« Wir nennen das un–h.; Sie nennen's h. Worin finden Sie denn, daß diese Familie etwas Verstecktes und Unzuverlässiges hat? etc. Gutzkow R. 2,61[2]. – *d)* (s. *c*) namentl. schles.: fröhlich, heiter, auch vom Wetter, s. Adelung und Weinhold. – 2. versteckt, verborgen gehalten, so daß man Andre nicht davon oder darum wissen lassen, es ihnen verbergen will, vgl. Geheim (2), von welchem erst nhd. Ew. es doch zumal in der ältern Sprache, z. B. in der Bibel, wie Hiob 11,6; 15,8, Weish. 2,22; 1. Kor. 2,7 etc. und so auch H–keit statt Geheimnis. Math. 13,35 etc. nicht immer genau geschieden wird: H. (hinter Jemandes Rücken) Etwas thun, treiben; Sich [301] h. davon schleichen; H–e Zusammenkünfte, Verabredungen; Mit h–er Scha-

2 [Anm. 1 zu 300] Sperrdruck (auch im folgenden) vom Referenten.

denfreude zusehen; H. seufzen, weinen, H. thun, als ob man etwas zu verbergen hätte; H–e Liebe, Liebschaft, Sünde; H–e Orte (die der Wohlstand zu verhüllen gebietet). 1. Sam. 5,6; Das h–e Gemach (Abtritt) 2. Kön. 10,27; W. 5,256 etc., auch: Der h–e Stuhl. Zinkgräf 1,249; In Graben, in H–keiten werfen. 3,75; Rollenhagen Fr. 83 etc. – Führte, h. vor Laomedon / die Stuten vor. B. 161 b etc. – Ebenso versteckt, h., hinterlistig und boshaft gegen grausame Herren … wie offen, frei, theilnehmend und dienstwillig gegen den leidenden Freund. Burmeister g B 2,157; Du sollst mein h. Heiligstes noch wissen. Chamisso 4,56; Die h–e Kunst (der Zauberei). 3,224; Wo die öffentliche Ventilation aufhören muß, fängt die h–e Machination an. Forster, Br. 2,135; Freiheit ist die leise Parole h. Verschworener, das laute Feldgeschrei der öffentlich Umwälzenden. G. 4,222; Ein heilig, h. Wirken. 15, Ich habe Wurzeln / die sind gar h., / im tiefen Boden / bin ich gegründet. 2,109; Meine h–e Tücke (vgl. Heimtücke). 30,344; Empfängt er es nicht offenbar und gewissenhaft, so mag er es h. und gewissenlos ergreifen. 39,22; Ließ h. und geheimnisvoll achromatische Fernröhre zusammensetzen. 375; Von nun an, will ich, sei nichts H–es mehr unter uns. Sch. 369 b. – Jemandes H–keiten entdecken, offenbaren, verrathen, H–keiten hinter meinem Rücken zu brauen. Alexis. H. 2, 3,168; Zu meiner Zeit / befliß man sich der H–keit. Hagedorn 3,92; Die H–keit und das Gepuschele unter der Hand. Immermann, M. 3,289; Der H–keit (des verborgnen Golds) unmächtigen Bann / kann nur die Hand der Einsicht lösen. Novalis. 1,69; Sag an, wo du sie verbirgst … in welches Ortes verschwiegener H. Sch. 495 b; Ihr Bienen, die ihr knetet / der

H–keiten Schloß (Wachs zum Siegeln). Tieck, Cymb. 3,2; Erfahren in seltnen H–keiten (Zauberkünsten). Schlegel Sh. 6, 102 etc. vgl. Geheimnis L. 10,291 ff.

Zsstzg. s. 1 *c*, so auch nam. der Ggstz: Ún-: unbehagliches, banges Grauen erregend: Der schier ihm un-h., gespenstisch erschien. Chamisso 3,238; Der Nacht un-h. bange Stunden. 4,148; Mir war schon lang' un-h., ja graulich zu Mute. 242; Nun fängts mir an, un-h. zu werden. Gutzkow R. 2,82; Empfindet ein u–es Grauen. Heine, Verm. 1,51; Un-h. und starr wie ein Steinbild. Reis, 1,10; Den u–en Nebel, Haarrauch geheißen. Immermann M, 3,299; Diese blassen Jungen sind un-h. und brauen Gott weiß was Schlimmes. Laube, Band 1,119; Unh. nennt man Alles, was im Geheimnis, im Verborgnen ... bleiben sollte und hervorgetreten ist. Schelling, 2,2,649 etc. – Das Göttliche zu verhüllen, mit einer gewissen U–keit zu umgeben 658 etc. – Unüblich als Ggstz. von (2), wie es Campe ohne Beleg anführt.

Aus diesem langen Zitat ist für uns am interessantesten, daß das Wörtchen heimlich unter den mehrfachen Nuancen seiner Bedeutung auch eine zeigt, in der es mit seinem Gegensatz unheimlich zusammenfällt. Das heimliche wird dann zum unheimlichen; vgl. das Beispiel von Gutzkow: »Wir nennen das unheimlich, Sie nennen's heimlich.« Wir werden überhaupt daran gemahnt, daß dies Wort heimlich nicht eindeutig ist, sondern zwei Vorstellungskreisen zugehört, die, ohne gegensätzlich zu sein, einander doch recht fremd sind, dem des Vertrauten, Behaglichen und dem des Versteckten, Verborgen gehaltenen. Unheimlich sei nur als

Gegensatz zur ersten Be-[302]deutung, nicht auch zur zweiten gebräuchlich. Wir erfahren bei Sanders nichts darüber, ob nicht doch eine genetische Beziehung zwischen diesen zwei Bedeutungen anzunehmen ist. Hingegen werden wir auf eine Bemerkung von Schelling aufmerksam, die vom Inhalt des Begriffes Unheimlich etwas ganz Neues aussagt, auf das unsere Erwartung gewiß nicht eingestellt war. Unheimlich sei alles, was ein Geheimnis, im Verborgenen bleiben sollte und hervorgetreten ist.

Ein Teil der so angeregten Zweifel wird durch die Angaben in Jacob und Wilhelm Grimm: Deutsches Wörterbuch, Leipzig 1877 (IV/$_2$, p. 874 f) geklärt:

Heimlich, adj. und adv. vernaculus, occultus, mhd. heimelîch, heimlîch, heînlich.

S. 874: In etwas anderem sinne: es ist mir heimlich, wohl, frei von furcht....

b) heimlich ist auch der von gespensterhaften freie ort...

S. 875: *ß)* vertraut, freundlich, zutraulich.

4. aus dem heimatlichen, häuslichen entwickelt sich weiter der begriff des fremden augen entzogenen, verborgenen, geheimen, eben auch in mehrfacher Beziehung ausgebildet ...

S. 876: »links am see
liegt eine matte heimlich im gehölz.«

Schiller, Tell I,4.

... frei und für den modernen Sprachgebrauch ungewöhnlich ... heimlich ist zu einem verbum des verbergens gestellt: er verbirgt mich heimlich in seinem gezelt. ps. 27,5. (... heimliche orte am menschlichen Körper, pudenda … welche leute nicht stürben, die wurden geschlagen an heimlichen örten. 1 Samuel 5,12 …).

c) beamtete, die wichtige und geheim zu haltende ratschläge in staatssachen ertheilen, heiszen heimliche räthe, das adjektiv nach heutigem sprachgebrauch durch geheim (s.d.) ersetzt: … (Pharao) nennet ihn (Joseph) den heimlichen rath. 1. Mos. 41,45;

S. 878. 6. heimlich für die erkenntnis, mystisch, allegorisch: heimliche bedeutung, mysticus, divinus, occultus, figuratus.

S. 878: anders ist heimlich im folgenden, der erkenntnis entzogen, unbewuszt: …

dann aber ist heimlich auch verschlossen, undurchdringlich in bezug auf erforschung: …

»merkst du wohl? sie trauen mir nicht,
fürchten des Friedländers heimlich gesicht.«

Wallensteins lager, 2. aufz.

9. die bedeutung des versteckten, gefährlichen, die in der vorigen nummer hervortritt, entwickelt sich noch weiter, so dasz heimlich den sinn empfängt, den sonst unheimlich (gebildet nach heimlich 3, *b)* sp. 874) hat: »mir ist zu zeiten wie dem menschen der in nacht wandelt und an gespenster glaubt, jeder winkel ist ihm heimlich und schauerhaft.« Klinger, theater, 3,298.

Also heimlich ist ein Wort, das seine Bedeutung nach einer Ambivalenz hin entwickelt, bis es endlich mit seinem Gegensatz [303] unheimlich zusammenfällt. Unheimlich ist irgendwie eine Art von heimlich. Halten wir dies noch nicht recht geklärte Ergebnis mit der Definition des Unheimlichen von Schleiermacher zusammen. Die Einzeluntersuchung der Fälle des Unheimlichen wird uns diese Andeutungen verständlich machen.

II.

Wenn wir jetzt an die Musterung der Personen und Dinge, Eindrücke, Vorgänge und Situationen herangehen, die das Gefühl des Unheimlichen in besonderer Stärke und Deutlichkeit in uns zu erwecken vermögen, so ist die Wahl eines glücklichen ersten Beispiels offenbar das nächste Erfordernis. E. Jentsch hat als ausgezeichneten Fall den »Zweifel an der Beseelung eines anscheinend lebendigen Wesens und umgekehrt darüber, ob ein lebloser Gegenstand nicht etwa beseelt sei« hervorgehoben und sich dabei auf den Eindruck von Wachsfiguren, kunstvollen Puppen und Automaten berufen. Er reiht dem das Unheimliche des epileptischen Anfalls und der Äußerungen des Wahnsinnes an, weil durch sie in dem Zuschauer Ahnungen von automatischen – mechanischen – Prozessen geweckt werden, die hinter dem gewohnten Bilde der Beseelung verborgen sein mögen. Ohne nun von dieser Ausführung des Autors voll überzeugt zu sein, wollen wir unsere eigene Untersuchung an ihn anknüpfen, weil er uns im weiteren an einen Dichter mahnt, dem die Erzeugung unheimlicher Wirkungen so gut wie keinem anderen gelungen ist.

»Einer der sichersten Kunstgriffe, leicht unheimliche Wirkungen durch Erzählungen hervorzurufen«, schreibt Jentsch, »beruht nun darauf, daß man den Leser im Ungewissen darüber läßt, ob er in einer bestimmten Figur eine Person oder etwa einen Automaten vor sich habe, und zwar so, daß diese Unsicherheit nicht direkt in den Brennpunkt seiner Aufmerksamkeit tritt, damit er nicht veranlaßt werde, die Sache sofort zu untersuchen und klarzustellen, da hiedurch, wie gesagt, die besondere Gefühlswirkung leicht schwindet. E. T. A. Hoffmann hat in seinen Phantasiestücken dieses psychologische Manöver wiederholt mit Erfolg zur Geltung gebracht.«

Diese gewiß richtige Bemerkung zielt vor allem auf die Erzählung »Der Sandmann« in den »Nachtstücken« (dritter Band der Grisebachschen Ausgabe von Hoffmanns sämtlichen Werken), aus welcher die Figur der Puppe Olimpia in den ersten Akt der Offenbachschen Oper »Hoffmanns Erzählungen« gelangt ist. Ich muß aber sagen, – und ich hoffe, die meisten Leser der Geschichte werden mir beistimmen – daß das Motiv der belebt scheinenden Puppe Olimpia keineswegs das einzige ist, welches für die unvergleichlich unheimliche Wirkung der Erzählung verantwortlich gemacht werden muß, ja nicht einmal dasjenige, dem diese Wirkung in erster Linie zuzuschreiben wäre. Es kommt dieser Wirkung auch nicht zustatten, daß die Olimpiaepisode vom Dichter selbst eine [304] leise Wendung ins Satirische erfährt und von ihm zum Spott auf die Liebesüberschätzung von seiten des jungen Mannes gebraucht wird. Im Mittelpunkt der Erzählung steht vielmehr ein anderes Moment, nach dem sie auch den Namen trägt, und das an den entscheidenden Stellen immer wieder hervorgekehrt wird: das Motiv des Sandmannes, der den Kindern die Augen ausreißt.

Der Student Nathaniel, mit dessen Kindheitserinnerungen die phantastische Erzählung anhebt, kann trotz seines Glückes in der Gegenwart die Erinnerungen nicht bannen, die sich ihm an den rätselhaft erschreckenden Tod des geliebten Vaters knüpfen. An gewissen Abenden pflegte die Mutter die Kinder mit der Mahnung zeitig zu Bette zu schicken: Der Sandmann kommt, und wirklich hört das Kind dann jedesmal den schweren Schritt eines Besuchers, der den Vater für diesen Abend in Anspruch nimmt. Die Mutter, nach dem Sandmann befragt, leugnet dann zwar, daß ein solcher anders denn als Redensart existiert, aber eine Kinderfrau weiß greifbarere Auskunft zu geben: »Das ist ein böser Mann, der kommt zu den Kindern, wenn sie nicht zu Bette gehen wollen und wirft ihnen Hände voll Sand in die Augen, daß sie blutig zum Kopf herausspringen, die wirft er dann in den Sack und trägt sie in den Halbmond zur Atzung für seine Kinderchen, die sitzen dort im Nest und haben krumme Schnäbel, wie die Eulen, damit picken sie der unartigen Menschenkindlein Augen auf.«

Obwohl der kleine Nathaniel alt und verständig genug war, um so schauerliche Zutaten zur Figur des Sandmannes abzuweisen, so setzte sich doch die Angst vor diesem selbst in ihm fest. Er beschloß zu erkunden, wie der Sandmann aussehe, und verbarg sich eines Abends, als er wieder erwartet wurde, im Arbeitszimmer des Vaters. In dem Besucher erkennt er dann den Advokaten Coppelius, eine abstoßende Persönlichkeit, vor der sich die Kinder zu scheuen pflegten, wenn er gelegentlich als Mittagsgast erschien, und identifiziert nun diesen Coppelius mit dem gefürchteten Sandmann. Für den weiteren Fortgang dieser Szene macht es der Dichter bereits zweifelhaft, ob wir es mit einem ersten Delirium des angstbesessenen Knaben oder mit einem Bericht zu tun haben, der als real in der Darstellungswelt der Erzählung aufzufassen ist. Vater und Gast machen sich an einem Herd mit flammender Glut zu schaffen. Der kleine Lauscher hört Coppelius rufen: »Augen her, Augen her«, verrät sich durch seinen Aufschrei und wird von Coppelius gepackt, der ihm glutrote Körner aus der Flamme in die Augen streuen will, um sie dann auf den Herd zu werfen. Der Vater bittet die Augen des Kindes frei. Eine tiefe Ohnmacht und lange Krankheit beenden das Erlebnis. Wer sich für die rationalistische Deutung des Sandmannes entscheidet, wird in dieser Phantasie des Kindes den fortwirkenden Einfluß jener Erzählung der Kinderfrau nicht verkennen. Anstatt der Sandkörner sind es glutrote Flammenkörner, die dem Kinde in die Augen gestreut werden sollen, in beiden Fällen, damit [305] die Augen herausspringen. Bei einem weiteren Besuche des Sandmannes ein Jahr später wird der Vater durch eine Explosion im Arbeitszimmer getötet; der Advokat Coppelius verschwindet vom Orte, ohne eine Spur zu hinterlassen.

Diese Schreckgestalt seiner Kinderjahre glaubt nun der Student Nathaniel in einem herumziehenden italienischen Optiker Giuseppe Coppola zu erkennen, der ihm in der Universitätsstadt Wettergläser zum Kauf anbietet und nach seiner Ablehnung hinzusetzt: »Ei nix Wetterglas, nix Wetterglas! – hab auch sköne Oke – sköne Oke.« Das Entsetzen des Studenten wird beschwichtigt, da sich die angebotenen Augen als harmlose Brillen herausstellen; er kauft dem Coppola ein Taschenperspektiv ab und späht mit dessen Hilfe in die gegenüberliegende Wohnung des Professors Spalanzani, wo er dessen schöne, aber rätselhaft wortkarge und unbewegte Tochter Olimpia erblickt. In diese verliebt er sich bald so heftig, daß er seine kluge und nüchterne Braut über sie vergißt. Aber Olimpia ist ein Automat, an dem Spalanzani das Räderwerk gemacht und dem Coppola – der Sandmann – die Augen eingesetzt hat. Der Student kommt hinzu, wie die beiden Meister sich um ihr Werk streiten; der Optiker hat die hölzerne, augenlose Puppe davongetragen und der Mechaniker, Spalanzani, wirft Nathaniel die auf dem Boden liegenden blutigen Augen Olimpias an die Brust, von denen er sagt, daß Coppola sie dem Nathaniel gestohlen. Dieser wird von einem neuerlichen Wahnsinnsanfall ergriffen, in dessen Delirium sich die Reminiszenz an den Tod des Vaters mit dem frischen Eindruck verbindet: »Hui – hui – hui! – Feuerkreis – Feuerkreis! Dreh' dich Feuerkreis – lustig – lustig! Holzpüppchen hui, schön Holzpüppchen dreh' dich –.« Damit wirft er sich auf den Professor, den angeblichen Vater Olimpias, und will ihn erwürgen.

Aus langer, schwerer Krankheit erwacht, scheint Nathaniel endlich genesen. Er gedenkt seine wiedergefundene Braut zu heiraten. Sie ziehen beide eines Tages durch die Stadt, auf deren Markt der hohe Ratsturm seinen Riesenschatten wirft. Das Mädchen schlägt ihrem Bräutigam vor, auf den Turm zu steigen, während der das Paar begleitende Bruder der Braut unten verbleibt. Oben zieht eine merkwürdige Erscheinung von etwas, was sich auf der Straße heranbewegt, die Aufmerksamkeit Claras auf sich. Nathaniel betrachtet dasselbe Ding durch Coppolas Perspektiv, das er in seiner Tasche findet, wird neuerlich vom Wahnsinn ergriffen und mit den Worten: Holzpüppchen dreh' dich, will er das Mädchen in die Tiefe schleudern. Der durch ihr Geschrei herbeigeholte Bruder rettet sie und eilt mit ihr herab. Oben läuft der Rasende mit dem Ausruf herum: Feuerkreis dreh dich, dessen Herkunft wir ja verstehen. Unter den Menschen, die sich unten ansammeln, ragt der Advokat Coppelius hervor, der plötzlich wieder erschienen ist. Wir dürfen annehmen, daß es der Anblick seiner Annäherung war, der den Wahnsinn bei Nathaniel zum Ausbruch brachte. Man will hinauf, um sich des Rasenden zu [306] bemächtigen, aber Coppelius lacht: »wartet nur, der kommt schon herunter von selbst.« Nathaniel bleibt plötzlich stehen, wird den Coppelius gewahr und stürzt sich mit dem gellenden Schrei: Ja! »Sköne Oke – Sköne Oke« über das Geländer herab. Sowie er mit zerschmettertem Kopf auf dem Straßenpflaster liegt, ist der Sandmann im Gewühl verschwunden.

Diese kurze Nacherzählung wird wohl keinen Zweifel darüber bestehen lassen, daß das Gefühl des Unheimlichen direkt an der Gestalt des Sandmannes, also an der Vorstellung, der Augen beraubt zu werden, haftet, und daß eine intellektuelle Unsicherheit im Sinne von Jentsch mit dieser Wirkung nichts zu tun hat. Der Zweifel an der Beseeltheit, den wir bei der Puppe Olimpia gelten lassen mußten, kommt bei diesem stärkeren Beispiel des Unheimlichen überhaupt nicht in Betracht. Der Dichter erzeugt zwar in uns anfänglich eine Art von Unsicherheit, indem er uns, gewiß nicht ohne Absicht, zunächst nicht erraten läßt, ob er uns in die reale Welt oder in eine ihm beliebige phantastische Welt einführen wird. Er hat ja bekanntlich das Recht, das eine oder das andere zu tun, und wenn er z. B. eine Welt, in der Geister, Dämonen und Gespenster agieren, zum Schauplatz seiner Darstellungen gewählt hat, wie Shakespeare im Hamlet, Macbeth und in anderem Sinne im Sturm und im Sommernachtstraum, so müssen wir ihm darin nachgeben und diese Welt seiner

Voraussetzung für die Dauer unserer Hingegebenheit wie eine Realität behandeln. Aber im Verlaufe der Hoffmannschen Erzählung schwindet dieser Zweifel, wir merken, daß der Dichter uns selbst durch die Brille oder das Perspektiv des dämonischen Optikers schauen lassen will, ja daß er vielleicht in höchsteigener Person durch solch ein Instrument geguckt hat. Der Schluß der Erzählung macht es ja klar, daß der Optiker Coppola wirklich der Advokat Coppelius[3] und also auch der Sandmann ist.

Eine »intellektuelle Unsicherheit« kommt hier nicht mehr in Frage: wir wissen jetzt, daß uns nicht die Phantasiegebilde eines Wahnsinnigen vorgeführt werden sollen, hinter denen wir in rationalistischer Überlegenheit den nüchternen Sachverhalt erkennen mögen, und – der Eindruck des Unheimlichen hat sich durch diese Aufklärung nicht im mindesten verringert. Eine intellektuelle Unsicherheit leistet uns also nichts für das Verständnis dieser unheimlichen Wirkung.

Hingegen mahnt uns die psychoanalytische Erfahrung daran, daß es eine schreckliche Kinderangst ist, die Augen zu beschädigen oder zu verlieren. Vielen Erwachsenen ist diese Ängstlichkeit verblieben und sie fürchten keine andere Organverletzung so sehr wie die des Auges. Ist man doch auch gewohnt zu sagen, daß man etwas behüten werde wie seinen Augapfel. Das Studium der Träume, der Phantasien und Mythen hat uns dann gelehrt, daß die Angst [307] um die Augen, die Angst zu erblinden, häufig genug ein Ersatz

3 [Anm. 1 zu 306] Zur Ableitung des Namens: Coppella = Probiertiegel (die chemischen Operationen, bei denen der Vater verunglückt); coppo = Augenhöhle (nach einer Bemerkung von Frau Dr. Rank).

für die Kastrationsangst ist. Auch die Selbstblendung des mythischen Verbrechers Oedipus ist nur eine Ermäßigung für die Strafe der Kastration, die ihm nach der Regel der Talion allein angemessen wäre. Man mag es versuchen, in rationalistischer Denkweise die Zurückführung der Augenangst auf die Kastrationsangst abzulehnen; man findet es begreiflich, daß ein so kostbares Organ wie das Auge von einer entsprechend großen Angst bewacht wird, ja man kann weitergehend behaupten, daß kein tieferes Geheimnis und keine andere Bedeutung sich hinter der Kastrationsangst verberge. Aber man wird damit doch nicht der Ersatzbeziehung gerecht, die sich in Traum, Phantasie und Mythus zwischen Auge und männlichem Glied kundgibt, und kann dem Eindruck nicht widersprechen, daß ein besonders starkes und dunkles Gefühl sich gerade gegen die Drohung, das Geschlechtsglied einzubüßen, erhebt, und daß dieses Gefühl erst der Vorstellung vom Verlust anderer Organe den Nachhall verleiht. Jeder weitere Zweifel schwindet dann, wenn man aus den Analysen an Neurotikern die Details des »Kastrationskomplexes« erfahren und dessen großartige Rolle in ihrem Seelenleben zur Kenntnis genommen hat.

Auch würde ich keinem Gegner der psychoanalytischen Auffassung raten, sich für die Behauptung, die Augenangst sei etwas vom Kastrationskomplex Unabhängiges gerade auf die Hoffmannsche Erzählung vom »Sandmann« zu berufen. Denn warum ist die Augenangst hier mit dem Tode des Vaters in innigste Beziehung gebracht? Warum tritt der Sandmann jedesmal als Störer der Liebe auf? Er entzweit den unglücklichen Studenten mit seiner Braut und ihrem Bruder, der sein bester Freund ist, er vernichtet sein zweites Liebesobjekt, die schöne Puppe Olimpia, und zwingt ihn selbst zum Selbstmord, wie er unmittelbar vor der beglückenden Vereinigung mit seiner wiedergewonnenen Clara steht. Diese sowie viele andere Züge der Erzählung erscheinen willkürlich und bedeutungslos, wenn man die Beziehung der Augenangst zur Kastration ablehnt, und werden sinnreich, sowie man für den Sandmann den gefürchteten Vater einsetzt, von dem man die Kastration erwartet[4]. [308]

4 [Anm. 1 zu 307] In der Tat hat die Phantasiebearbeitung des Dichters die Elemente des Stoffes nicht so wild herumgewirbelt, daß man ihre ursprüngliche Anordnung nicht wiederherstellen könnte. In der Kindergeschichte stellen der Vater und Coppelius die durch Ambivalenz in zwei Gegensätze zerlegte Vaterimago dar, der eine droht mit der Blendung (Kastration), der andere, der gute Vater, bittet die Augen des Kindes frei. Das von der Verdrängung am stärksten betroffene Stück des Komplexes, der Todeswunsch gegen den bösen Vater, findet seine Darstellung in dem Tod des guten Vaters, der dem Coppelius zur Last gelegt wird. Diesem Väterpaar entsprechen in der späteren Lebensgeschichte des Studenten der Professor Spalanzani und der Optiker Coppola, der Professor an sich eine Figur der Vaterreihe, Coppola als identisch mit dem Advokaten Coppelius erkannt. Wie sie damals zusammen am geheimnisvollen Herd arbeiteten, so haben sie nun gemeinsam die Puppe Olimpia verfertigt; der Professor heißt auch der Vater Olimpias. Durch diese zweimalige Gemeinsamkeit verraten sie sich als Spaltungen der Vaterimago, d.h. sowohl der Mechaniker als auch der Optiker sind der Vater der Olimpia wie des Nathaniel. In der Schreckensszene der Kinderzeit hatte Coppelius, nachdem er auf die Blendung des Kleinen verzichtet, ihm probeweise Arme und Beine abgeschraubt, also wie ein Mechaniker an einer Puppe mit ihm gearbeitet. Dieser sonderbare Zug, der ganz aus dem Rahmen der Sandmannvorstellung heraustritt, bringt ein neues Äquivalent der Kastration ins Spiel; er weist aber auch auf die innere Identität

Wir würden es also wagen, das Unheimliche des Sandmannes auf die Angst des kindlichen Kastrationskomplexes zurückzuführen. Sowie aber die Idee auftaucht, ein solches infantiles Moment für die Entstehung des unheimlichen Gefühls in Anspruch zu nehmen, werden wir auch zum Versuch getrieben, dieselbe Ableitung für andere Beispiele des Unheimlichen in Betracht zu ziehen. Im Sandmann findet sich noch das Motiv der belebt scheinenden

des Coppelius mit seinem späteren Widerpart, dem Mechaniker Spalanzani hin, und bereitet uns für die Deutung der Olimpia vor. Diese automatische Puppe kann nichts anderes sein als die Materialisation von Nathaniels femininer Einstellung zu seinem Vater in früher Kindheit. Ihre Väter – Spalanzani und Coppola – sind ja nur neue Auflagen, Reinkarnationen, von Nathaniels Väterpaar; die sonst unverständliche Angabe des Spalanzani, daß der Optiker dem Nathaniel die Augen gestohlen (s. o.), um sie der Puppe einzusetzen, gewinnt so als Beweis für die Identität von Olimpia und Nathaniel ihre Bedeutung. Olimpia ist sozusagen ein von Nathaniel losgelöster Komplex, der ihm als Person entgegentritt; die Beherrschung durch diesen Komplex findet in der unsinnig zwanghaften Liebe zur Olimpia ihren Ausdruck. Wir haben das Recht, diese Liebe eine narzißtische zu heißen, und verstehen, daß der ihr Verfallene sich dem realen Liebesobjekt entfremdet. Wie psychologisch richtig es aber ist, daß der durch den Kastrationskomplex an den Vater fixierte Jüngling der Liebe zum Weibe unfähig wird, zeigen zahlreiche Krankenanalysen, deren Inhalt zwar weniger phantastisch, aber kaum minder traurig ist als die Geschichte des Studenten Nathaniel.

E. T. A. Hoffmann war das Kind einer unglücklichen Ehe. Als er drei Jahre war, trennte sich der Vater von seiner kleinen Familie und lebte nie wieder mit ihr vereint. Nach den Belegen, die E. Grisebach in der biographischen Einleitung zu Hoffmanns Werken beibringt, war die Beziehung zum Vater immer eine der wundesten Stellen in des Dichters Gefühlsleben.

Puppe, das *Jentsch* hervorgehoben hat. Nach diesem Autor ist es eine besonders günstige Bedingung für die Erzeugung unheimlicher Gefühle, wenn eine intellektuelle Unsicherheit geweckt wird, ob etwas belebt oder leblos sei, und wenn das Leblose die Ähnlichkeit mit dem Lebenden zu weit treibt. Natürlich sind wir aber gerade mit den Puppen vom Kindlichen nicht weit entfernt. Wir erinnern uns, daß das Kind im frühen Alter des Spielens überhaupt nicht scharf zwischen Belebtem und Leblosem unterscheidet und daß es besonders gerne seine Puppe wie ein lebendes Wesen behandelt. Ja, man hört gelegentlich von einer Patientin erzählen, sie habe noch im Alter von acht Jahren die Überzeugung gehabt, wenn sie ihre Puppen auf eine gewisse Art, möglichst eindringlich, anschauen würde, müßten diese lebendig werden. Das infantile Moment ist also auch hier leicht nachzuweisen; aber merkwürdig, im Falle des Sandmannes handelte es sich um die Erweckung einer alten Kinderangst, bei der lebenden Puppe ist von Angst keine Rede, das Kind hat sich vor dem Beleben seiner Puppen nicht gefürchtet, vielleicht es sogar gewünscht. Die [309] Quelle des unheimlichen Gefühls wäre also hier nicht eine Kinderangst, sondern ein Kinderwunsch oder auch nur ein Kinderglaube. Das scheint ein Widerspruch; möglicherweise ist es nur eine Mannigfaltigkeit, die späterhin unserem Verständnis förderlich werden kann.

E. T. A. *Hoffmann* ist der unerreichte Meister des Unheimlichen in der Dichtung. Sein Roman »*Die Elixire des Teufels*« weist ein ganzes Bündel von Motiven auf, denen man die unheimliche Wirkung der Geschichte zuschreiben möchte. Der Inhalt des Romans ist zu reichhaltig und verschlungen, als daß man einen Auszug daraus wagen könnte. Zu Ende des Buches, wenn die dem Leser bisher vorenthaltenen Voraussetzungen der Handlung nachgetragen werden, ist das Ergebnis nicht die Aufklärung des Lesers, sondern eine volle Verwirrung desselben. Der Dichter hat zu viel Gleichartiges gehäuft; der Eindruck des Ganzen leidet nicht darunter, wohl aber das Verständnis. Man muß sich damit begnügen, die hervorstechendsten unter jenen unheimlich wirkenden Motiven herauszuheben, um zu untersuchen, ob auch für sie eine Ableitung aus infantilen Quellen zulässig ist. Es sind dies das Doppelgängertum in all seinen Abstufungen und Ausbildungen, also das Auftreten von Personen, die wegen ihrer gleichen Erscheinung für identisch gehalten werden müssen, die Steigerung dieses Verhältnisses durch Überspringen seelischer Vorgänge von einer dieser Personen auf die andere, – was wir Telepathie heißen würden – so daß der eine das Wissen, Fühlen und Erleben des andern mitbesitzt, die Identifizierung mit einer anderen Person, so daß man an seinem Ich irre wird oder das fremde Ich an die Stelle des eigenen versetzt, also Ichverdopplung, Ichteilung, Ichvertauschung – und endlich die beständige Wiederkehr des Gleichen, die Wiederholung der nämlichen Gesichtszüge, Charaktere, Schicksale, verbrecherischen Taten, ja der Namen durch mehrere aufeinanderfolgende Generationen.

Das Motiv des Doppelgängers hat in einer gleichnamigen Arbeit von O. Rank eine eingehende Würdigung gefunden[5]. Dort werden die Beziehungen des Doppelgängers zum Spiegel- und Schattenbild, zum Schutzgeist, zur Seelenlehre und zur Todesfurcht untersucht, es fällt aber auch

5 [Anm. 1 zu 309] O. Rank, Der Doppelgänger, Imago III, 1914.

helles Licht auf die überraschende Entwicklungsgeschichte des Motivs. Denn der Doppelgänger war ursprünglich eine Versicherung gegen den Untergang des Ichs, eine »energische Dementierung der Macht des Todes« (O. Rank) und wahrscheinlich war die »unsterbliche« Seele der erste Doppelgänger des Leibes. Die Schöpfung einer solchen Verdopplung zur Abwehr gegen die Vernichtung hat ihr Gegenstück in einer Darstellung der Traumsprache, welche die Kastration durch Verdopplung oder Vervielfältigung des Genitalsymbols auszudrücken liebt; sie wird in der Kultur der alten Ägypter ein Antrieb für die Kunst, das Bild des Verstorbenen in dauerhaftem Stoff zu formen. Aber diese Vorstellungen sind auf [310] dem Boden der uneingeschränkten Selbstliebe entstanden, des primären Narzißmus, welcher das Seelenleben des Kindes wie des Primitiven beherrscht, und mit der Überwindung dieser Phase ändert sich das Vorzeichen des Doppelgängers, aus einer Versicherung des Fortlebens wird er zum unheimlichen Vorboten des Todes.

Die Vorstellung des Doppelgängers braucht nicht mit diesem uranfänglichen Narzißmus unterzugehen; denn sie kann aus den späteren Entwicklungsstufen des Ichs neuen Inhalt gewinnen. Im Ich bildet sich langsam eine besondere Instanz heraus, welche sich dem übrigen Ich entgegenstellen kann, die der Selbstbeobachtung und Selbstkritik dient, die Arbeit der psychischen Zensur leistet und unserem Bewußtsein als »Gewissen« bekannt wird. Im pathologischen Falle des Beachtungswahnes wird sie isoliert, vom Ich abgespalten, dem Arzte bemerkbar. Die Tatsache, daß eine solche Instanz vorhanden ist, welche das übrige Ich wie ein Objekt behandeln kann, also daß der Mensch der Selbstbeobachtung fähig ist, macht es möglich, die alte Doppelgängervorstellung mit neuem Inhalt zu erfüllen und ihr mancherlei zuzuweisen, vor allem all das, was der Selbstkritik als zugehörig zum alten überwundenen Narzißmus der Urzeit erscheint[6].

Aber nicht nur dieser der Ichkritik anstößige Inhalt kann dem Doppelgänger einverleibt werden, sondern ebenso alle unterbliebenen Möglichkeiten der Geschicksgestaltung, an denen die Phantasie noch festhalten will, und alle Ichstrebungen, die sich infolge äußerer Ungunst nicht durchsetzen konnten, sowie alle die unterdrückten Willensentscheidungen, die die Illusion des freien Willens ergeben haben[7].

Nachdem wir aber so die manifeste Motivierung der Doppelgängergestalt betrachtet haben, müssen wir uns sagen: Nichts von alledem macht uns den außerordentlich

6 [Anm. 1 zu 310] Ich glaube, wenn die Dichter klagen, daß zwei Seelen in des Menschen Brust wohnen, und wenn die Populärpsychologen von der Spaltung des Ichs im Menschen reden, so schwebt ihnen diese Entzweiung, der Ichpsychologie angehörig, zwischen der kritischen Instanz und dem Ich-Rest vor und nicht die von der Psychoanalyse aufgedeckte Gegensätzlichkeit zwischen dem Ich und dem unbewußten Verdrängten. Der Unterschied wird allerdings dadurch verwischt, daß sich unter dem von der Ichkritik Verworfenen zunächst die Abkömmlinge des Verdrängten befinden.

7 [Anm. 2 zu 310] In der H. H. Ewersschen Dichtung »Der Student von Prag«, von welcher die Ranksche Studie über den Doppelgänger ausgegangen ist, hat der Held der Geliebten versprochen, seinen Duellgegner nicht zu töten. Auf dem Wege zum Duellplatz begegnet ihm aber der Doppelgänger, welcher den Nebenbuhler bereits erledigt hat.

hohen Grad von Unheimlichkeit, der ihr anhaftet, verständlich, und aus unserer Kenntnis der pathologischen Seelenvorgänge dürfen wir hinzusetzen, nichts von diesem Inhalt könnte das Abwehrbestreben erklären, das ihn als etwas Fremdes aus dem Ich hinausprojiziert. Der Charakter des Unheimlichen kann doch nur daher rühren, daß der Doppelgänger eine den überwundenen seelischen Urzeiten angehörige Bildung ist, [311] die damals allerdings einen freundlicheren Sinn hatte. Der Doppelgänger ist zum Schreckbild geworden, wie die Götter nach dem Sturz ihrer Religion zu Dämonen werden (H. Heine, Die Götter im Exil).

Die anderen bei Hoffmann verwendeten Ichstörungen sind nach dem Muster des Doppelgängermotivs leicht zu beurteilen. Es handelt sich bei ihnen um ein Rückgreifen auf einzelne Phasen in der Entwicklungsgeschichte des Ichgefühls, um eine Regression in Zeiten, da das Ich sich noch nicht scharf von der Außenwelt und vom Anderen abgegrenzt hatte. Ich glaube, daß diese Motive den Eindruck des Unheimlichen mitverschulden, wenngleich es nicht leicht ist, ihren Anteil an diesem Eindruck isoliert herauszugreifen.

Das Moment der Wiederholung des Gleichartigen wird als Quelle des unheimlichen Gefühls vielleicht nicht bei jedermann Anerkennung finden. Nach meinen Beobachtungen ruft es unter gewissen Bedingungen und in Kombination mit bestimmten Umständen unzweifelhaft ein solches Gefühl hervor, das überdies an die Hilflosigkeit mancher Traumzustände mahnt. Als ich einst an einem heißen Sommernachmittag die mir unbekannten, menschenleeren Straßen einer italienischen Kleinstadt durchstreifte, geriet ich in eine Gegend, über deren Charakter ich nicht lange in Zweifel bleiben konnte. Es waren nur geschminkte Frauen an den Fenstern der kleinen Häuser zu sehen, und ich beeilte mich, die enge Straße durch die nächste Einbiegung zu verlassen. Aber nachdem ich eine Weile führerlos herumgewandert war, fand ich mich plötzlich in derselben Straße wieder, in der ich nun Aufsehen zu erregen begann, und meine eilige Entfernung hatte nur die Folge, daß ich auf einem neuen Umwege zum dritten Male dahingeriet. Dann aber erfaßte mich ein Gefühl, das ich nur als unheimlich bezeichnen kann, und ich war froh, als ich unter Verzicht auf weitere Entdeckungsreisen auf die kürzlich von mir verlassene Piazza zurückfand. Andere Situationen, die die unbeabsichtigte Wiederkehr mit der eben beschriebenen gemein haben und sich in den anderen Punkten gründlich von ihr unterscheiden, haben doch dasselbe Gefühl von Hilflosigkeit und Unheimlichkeit zur Folge. Zum Beispiel wenn man sich im Hochwald, etwa vom Nebel überrascht, verirrt hat und nun trotz aller Bemühungen, einen markierten oder bekannten Weg zu finden, wiederholt zu der einen, durch eine bestimmte Formation gekennzeichneten Stelle zurückkommt. Oder wenn man im unbekannten, dunkeln Zimmer wandert, um die Türe oder den Lichtschalter aufzusuchen, und dabei zum xten Male mit demselben Möbelstück zusammenstößt, eine Situation, die Mark Twain allerdings durch groteske Übertreibung in eine unwiderstehlich komische umgewandelt hat.

An einer anderen Reihe von Erfahrungen erkennen wir auch mühelos, daß es nur das Moment der unbeabsichtigten Wiederholung ist, welches das sonst Harmlose unheimlich macht und uns die Idee des Verhängnisvollen,

Unentrinnbaren aufdrängt, wo wir [312] sonst nur von »Zufall« gesprochen hätten. So ist es z. B. gewiß ein gleichgültiges Erlebnis, wenn man für seine in einer Garderobe abgegebenen Kleider einen Schein mit einer gewissen Zahl – sagen wir: 62 – erhält oder wenn man findet, daß die zugewiesene Schiffskabine diese Nummer trägt. Aber dieser Eindruck ändert sich, wenn beide an sich indifferenten Begebenheiten nahe aneinander rücken, so daß einem die Zahl 62 mehrmals an demselben Tage entgegentritt, und wenn man dann etwa gar die Beobachtung machen sollte, daß alles, was eine Zahlenbezeichnung trägt, Adressen, Hotelzimmer, Eisenbahnwagen u. dgl. immer wieder die nämliche Zahl, wenigstens als Bestandteil, wiederbringt. Man findet das »unheimlich«, und wer nicht stich- und hiebfest gegen die Versuchungen des Aberglaubens ist, wird sich geneigt finden, dieser hartnäckigen Wiederkehr der einen Zahl eine geheime Bedeutung zuzuschreiben, etwa einen Hinweis auf das ihm bestimmte Lebensalter darin zu sehen. Oder wenn man eben mit dem Studium der Schriften des großen Physiologen E. Hering beschäftigt ist, und nun wenige Tage auseinander Briefe von zwei Personen dieses Namens aus verschiedenen Ländern empfängt, während man bis dahin niemals mit Leuten, die so heißen, in Beziehung getreten war. Ein geistvoller Naturforscher hat vor kurzem den Versuch unternommen, Vorkommnisse solcher Art gewissen Gesetzen unterzuordnen, wodurch der Eindruck des Unheimlichen aufgehoben werden müßte. Ich getraue mich nicht zu entscheiden, ob es ihm gelungen ist[8].

8 [Anm. 1 zu 312] P. Kammerer, Das Gesetz der Serie, Wien 1919.

Wie das Unheimliche der gleichartigen Wiederkehr aus dem infantilen Seelenleben abzuleiten ist, kann ich hier nur andeuten und muß dafür auf eine bereitliegende ausführliche Darstellung in anderem Zusammenhange verweisen. Im seelisch Unbewußten läßt sich nämlich die Herrschaft eines von den Triebregungen ausgehenden Wiederholungszwanges erkennen, der wahrscheinlich von der innersten Natur der Triebe selbst abhängt, stark genug ist, sich über das Lustprinzip hinauszusetzen, gewissen Seiten des Seelenlebens den dämonischen Charakter verleiht, sich in den Strebungen des kleinen Kindes noch sehr deutlich äußert und ein Stück vom Ablauf der Psychoanalyse des Neurotikers beherrscht. Wir sind durch alle vorstehenden Erörterungen darauf vorbereitet, daß dasjenige als unheimlich verspürt werden wird, was an diesen inneren Wiederholungszwang mahnen kann.

Nun, denke ich aber, ist es Zeit, uns von diesen immerhin schwierig zu beurteilenden Verhältnissen abzuwenden und unzweifelhafte Fälle des Unheimlichen aufzusuchen, von deren Analyse wir die endgültige Entscheidung über die Geltung unserer Annahme erwarten dürfen.

Im »Ring des Polykrates« wendet sich der Gast mit Grausen, weil er merkt, daß jeder Wunsch des Freundes sofort in Erfüllung [313] geht, jede seiner Sorgen vom Schicksal unverzüglich aufgehoben wird. Der Gastfreund ist ihm »unheimlich« geworden. Die Auskunft, die er selbst gibt, daß der allzu Glückliche den Neid der Götter zu fürchten habe, erscheint uns noch undurchsichtig, ihr Sinn ist mythologisch verschleiert. Greifen wir darum ein anderes Beispiel aus weit schlichteren Verhältnissen heraus: In der Krankengeschichte eines Zwangsneurotikers[9] habe ich erzählt, daß dieser Kranke einst einen Aufenthalt in einer Wasserheilanstalt genommen hatte, aus dem er sich eine große Besserung holte. Er war aber so klug, diesen Erfolg nicht der Heilkraft des Wassers, sondern der Lage seines Zimmers zuzuschreiben, welches der Kammer einer liebenswürdigen Pflegerin unmittelbar benachbart war. Als er dann zum zweiten Mal in diese Anstalt kam, verlangte er dasselbe Zimmer wieder, mußte aber hören, daß dies bereits von einem alten Herrn besetzt sei, und gab seinem Unmut darüber in den Worten Ausdruck: Dafür soll ihn aber der Schlag treffen. Vierzehn Tage später erlitt der alte Herr wirklich einen Schlaganfall. Für meinen Patienten war dies ein »unheimliches« Erlebnis. Der Eindruck des Unheimlichen wäre noch stärker gewesen, wenn eine viel kürzere Zeit zwischen jener Äußerung und dem Unfall gelegen wäre oder wenn der Patient über zahlreiche ganz ähnliche Erlebnisse hätte berichten können. In der Tat war er um solche Bestätigungen nicht verlegen, aber nicht er allein, alle Zwangsneurotiker, die ich studiert habe, wußten Analoges von sich zu erzählen. Sie waren gar nicht überrascht, regelmäßig der Person zu begegnen, an die sie eben – vielleicht nach langer Pause – gedacht hatten; sie pflegten regelmäßig am Morgen einen Brief von einem Freund zu bekommen, wenn sie am Abend vorher geäußert hatten: Von dem hat man aber jetzt lange nichts gehört, und besonders Unglücks- oder Todesfälle ereigneten sich nur selten, ohne

9 [Anm. 1 zu 313] Bemerkungen über einen Fall von Zwangsneurose, Jahrb. f. Psychoanalyse, I, 1909 und Sammlung kl. Schriften, dritte Folge, 1913.

eine Weile vorher durch ihre Gedanken gehuscht zu sein. Sie pflegten diesem Sachverhalt in der bescheidensten Weise Ausdruck zu geben, indem sie behaupteten, »Ahnungen« zu haben, die »meistens« eintreffen.

Eine der unheimlichsten und verbreitetsten Formen des Aberglaubens ist die Angst vor dem »bösen Blick«, welcher bei dem Hamburger Augenarzt S. Seligmann[10] eine gründliche Behandlung gefunden hat. Die Quelle, aus welcher diese Angst schöpft, scheint niemals verkannt worden zu sein. Wer etwas Kostbares und doch Hinfälliges besitzt, fürchtet sich vor dem Neid der anderen, indem er jenen Neid auf sie projiziert, den er im umgekehrten Falle empfunden hätte. Solche Regungen verrät man durch den Blick, auch wenn man ihnen den Ausdruck in Worten versagt, und wenn jemand durch auffällige Kennzeichen, besonders unerwünschter Art, vor den anderen [314] hervorsticht, traut man ihm zu, daß sein Neid eine besondere Stärke erreichen und dann auch diese Stärke in Wirkung umsetzen wird. Man fürchtet also eine geheime Absicht zu schaden, und auf gewisse Anzeichen hin nimmt man an, daß dieser Absicht auch die Kraft zu Gebote steht.

Die letzterwähnten Beispiele des Unheimlichen hängen von dem Prinzip ab, das ich, der Anregung eines Patienten folgend, die »Allmacht der Gedanken« benannt habe. Wir können nun nicht mehr verkennen, auf welchem Boden wir uns befinden. Die Analyse der Fälle des Unheimlichen hat uns zur alten Weltauffassung des Animismus zurückgeführt, die ausgezeichnet war durch die Erfüllung der

10 [Anm. 2 zu 313] S. Seligmann, Der böse Blick und Verwandtes, 2 Bände, Berlin 1910 u. 1911.

Welt mit Menschengeistern, durch die narzißtische Überschätzung der eigenen seelischen Vorgänge, die Allmacht der Gedanken und die darauf aufgebaute Technik der Magie, die Zuteilung von sorgfältig abgestuften Zauberkräften an fremde Personen und Dinge (Mana), sowie durch alle die Schöpfungen, mit denen sich der uneingeschränkte Narzißmus jener Entwicklungsperiode gegen den unverkennbaren Einspruch der Realität zur Wehre setzte. Es scheint, daß wir alle in unserer individuellen Entwicklung eine diesem Animismus der Primitiven entsprechende Phase durchgemacht haben, daß sie bei keinem von uns abgelaufen ist, ohne noch äußerungsfähige Reste und Spuren zu hinterlassen, und daß alles, was uns heute als »unheimlich« erscheint, die Bedingung erfüllt, daß es an diese Reste animistischer Seelentätigkeit rührt und sie zur Äußerung anregt[11].

Hier ist nun der Platz für zwei Bemerkungen, in denen ich den wesentlichen Inhalt dieser kleinen Untersuchung niederlegen möchte. Erstens, wenn die psychoanalytische Theorie in der Behauptung recht hat, daß jeder Affekt einer Gefühlsregung, gleichgültig von welcher Art, durch die Verdrängung in Angst verwandelt wird, so muß es unter den Fällen des Ängstlichen eine Gruppe geben, in der sich zeigen läßt, daß dies Ängstliche etwas wiederkehrendes

11 [Anm. 1 zu 314] Vgl. hiezu den Abschnitt III Animismus, Magie und Allmacht der Gedanken in des Verf. Buch: Totem und Tabu. 1913. Dort auch die Bemerkung (S. 19 Note): »Es scheint, daß wir den Charakter des ›Unheimlichen‹ solchen Eindrücken verleihen, welche die Allmacht der Gedanken und die animistische Denkweise überhaupt bestätigen wollen, während wir uns bereits im Urteil von ihr abgewendet haben.«

Verdrängtes ist. Diese Art des Ängstlichen wäre eben das Unheimliche und dabei muß es gleichgültig sein, ob es ursprünglich selbst ängstlich war oder von einem anderen Affekt getragen. Zweitens, wenn dies wirklich die geheime Natur des Unheimlichen ist, so verstehen wir, daß der Sprachgebrauch das Heimliche in seinen Gegensatz, das Unheimliche übergehen läßt [...], denn dies Unheimliche ist wirklich nichts Neues oder Fremdes, sondern etwas dem Seelenleben von alters her Vertrautes, das ihm nur durch den Prozeß der Verdrängung entfremdet worden ist. Die Beziehung auf die Verdrängung erhellt uns jetzt auch die Schellingsche De-[315]finition, das Unheimliche sei etwas, was im Verborgenen hätte bleiben sollen und hervorgetreten ist.

Es erübrigt uns nur noch, die Einsicht, die wir gewonnen haben, an der Erklärung einiger anderer Fälle des Unheimlichen zu erproben.

Im allerhöchsten Grade unheimlich erscheint vielen Menschen, was mit dem Tod, mit Leichen und mit der Wiederkehr der Toten, mit Geistern und Gespenstern zusammenhängt. Wir haben ja gehört, daß manche moderne Sprachen unseren Ausdruck: ein unheimliches Haus gar nicht anders wiedergeben können als durch die Umschreibung: ein Haus, in dem es spukt. Wir hätten eigentlich unsere Untersuchung mit diesem, vielleicht stärksten Beispiel von Unheimlichkeit beginnen können, aber wir taten es nicht, weil hier das Unheimliche zu sehr mit dem Grauenhaften vermengt und zum Teil von ihm gedeckt ist. Aber auf kaum einem anderen Gebiet hat sich unser Denken und Fühlen seit den Urzeiten so wenig verändert, ist das Alte unter dünner Decke so gut erhalten geblieben, wie in unserer Beziehung zum Tode. Zwei Momente geben für diesen Stillstand gute Auskunft: Die Stärke unserer ursprünglichen Gefühlsreaktionen und die Unsicherheit unserer wissenschaftlichen Erkenntnis. Unsere Biologie hat es noch nicht entscheiden können, ob der Tod das notwendige Schicksal jedes Lebewesens oder nur ein regelmäßiger, vielleicht aber vermeidlicher Zufall innerhalb des Lebens ist. Der Satz: alle Menschen müssen sterben, paradiert zwar in den Lehrbüchern der Logik als Vorbild einer allgemeinen Behauptung, aber keinem Menschen leuchtet er ein, und unser Unbewußtes hat jetzt so wenig Raum wie vormals für die Vorstellung der eigenen Sterblichkeit. Die Religionen bestreiten noch immer der unableugbaren Tatsache des individuellen Todes ihre Bedeutung und setzen die Existenz über das Lebensende hinaus fort, die staatlichen Gewalten meinen die moralische Ordnung unter den Lebenden nicht aufrecht erhalten zu können, wenn man auf die Korrektur des Erdenlebens durch ein besseres Jenseits verzichten soll, auf den Anschlagsäulen unserer Großstädte werden Vorträge angekündigt, welche Belehrung spenden wollen, wie man sich mit den Seelen der Verstorbenen in Verbindung setzen kann, und es ist unleugbar, daß mehrere der feinsten Köpfe und schärfsten Denker unter den Männern der Wissenschaft, zumal gegen das Ende ihrer eigenen Lebenszeit, geurteilt haben, daß es an Möglichkeiten für solchen Verkehr nicht fehle. Da fast alle von uns in diesem Punkt noch so denken wie die Wilden, ist es auch nicht zu verwundern, daß die primitive Angst vor dem Toten bei uns noch so mächtig ist und bereit liegt, sich zu äußern, sowie irgend etwas ihr entgegen kommt. Wahrscheinlich hat sie auch noch den alten Sinn, der Tote sei zum Feind des Überlebenden geworden und beabsichtige, ihn mit sich zu nehmen, als Genossen seiner neuen Existenz. Eher könnte man bei dieser Unveränderlichkeit der Einstellung zum Tode fragen, wo die Bedingung der [316] Verdrängung bleibt, die erfordert wird, damit das Primitive als etwas Unheimliches wiederkehren könne. Aber die besteht doch auch; offiziell glauben die sogenannten Gebildeten nicht mehr an das Sichtbarwerden der Verstorbenen als Seelen, haben deren Erscheinung an entlegene und selten verwirklichte Bedingungen geknüpft, und die ursprünglich höchst zweideutige, ambivalente Gefühlseinstellung zum Toten ist für die höheren Schichten des Seelenlebens zur eindeutigen der Pietät abgeschwächt worden[12].

Es bedarf jetzt nur noch weniger Ergänzungen, denn mit dem Animismus, der Magie und Zauberei, der Allmacht der Gedanken, der Beziehung zum Tode, der unbeabsichtigten Wiederholung und dem Kastrationskomplex haben wir den Umfang der Momente, die das Ängstliche zum Unheimlichen machen, so ziemlich erschöpft.

Wir heißen auch einen lebenden Menschen unheimlich, und zwar dann, wenn wir ihm böse Absichten zutrauen. Aber das reicht nicht hin, wir müssen noch hinzutun, daß diese seine Absichten, uns zu schaden, sich mit Hilfe besonderer Kräfte verwirklichen werden. Der »Gettatore« ist ein gutes Beispiel hiefür, diese unheimliche Gestalt des romanischen Aberglaubens, die Albrecht Schäffer in dem Buche »Josef Montfort« mit poetischer Intuition und tiefem psychoanalytischem Verständnis zu einer sympa-

12 [Anm. 1 zu 316] Vgl.: Das Tabu und die Ambivalenz in »Totem und Tabu«.

thischen Figur umgeschaffen hat. Aber mit diesen geheimen Kräften stehen wir bereits wieder auf dem Boden des Animismus. Die Ahnung solcher Geheimkräfte ist es, die dem frommen Gretchen den Mephisto so unheimlich werden läßt:

»Sie ahnt, daß ich ganz sicher ein Genie,
Vielleicht sogar der Teufel bin.«

Das Unheimliche der Fallsucht, des Wahnsinns, hat denselben Ursprung. Der Laie sieht hier die Äußerung von Kräften vor sich, die er im Nebenmenschen nicht vermutet hat, deren Regung er aber in entlegenen Winkeln der eigenen Persönlichkeit dunkel zu spüren vermag. Das Mittelalter hatte konsequenterweise und psychologisch beinahe korrekt alle diese Krankheitsäußerungen der Wirkung von Dämonen zugeschrieben. Ja, ich würde mich nicht verwundern zu hören, daß die Psychoanalyse, die sich mit der Aufdeckung dieser geheimen Kräfte beschäftigt, vielen Menschen darum selbst unheimlich geworden ist. In einem Falle, als mir die Herstellung eines seit vielen Jahren siechen Mädchens – wenn auch nicht sehr rasch – gelungen war, habe ich's von der Mutter der für lange Zeit Geheilten selbst gehört.

Abgetrennte Glieder, ein abgehauener Kopf, eine vom Arm gelöste Hand wie in einem Märchen von Hauff, Füße, die für sich allein tanzen wie in dem erwähnten Buche von A. Schaeffer, haben etwas ungemein Unheimliches an sich, besonders wenn ihnen wie im letzten Beispiel noch eine selbständige Tätigkeit zugestanden wird. [317] Wir wissen schon, daß diese Unheimlichkeit von der Annäherung an den Kastrationskomplex herrührt. Manche

Menschen würden die Krone der Unheimlichkeit der Vorstellung zuweisen, scheintot begraben zu werden. Allein die Psychoanalyse hat uns gelehrt, daß diese schreckende Phantasie nur die Umwandlung einer anderen ist; die ursprünglich nichts Schreckhaftes war, sondern von einer gewissen Lüsternheit getragen wurde, nämlich der Phantasie vom Leben im Mutterleib.

Tragen wir noch etwas Allgemeines nach, was stronggenommen bereits in unseren bisherigen Behauptungen über den Animismus und die überwundenen Arbeitsweisen des seelischen Apparats enthalten ist, aber doch einer besonderen Hervorhebung würdig scheint, daß es nämlich oft und leicht unheimlich wirkt, wenn die Grenze zwischen Phantasie und Wirklichkeit verwischt wird, wenn etwas real vor uns hintritt, was wir bisher für phantastisch gehalten haben, wenn ein Symbol die volle Leistung und Bedeutung des Symbolisierten übernimmt und dergleichen mehr. Hierauf beruht auch ein gutes Stück der Unheimlichkeit, die den magischen Praktiken anhaftet. Das Infantile daran, was auch das Seelenleben der Neurotiker beherrscht, ist die Überbetonung der psychischen Realität im Vergleich zur materiellen, ein Zug, welcher sich der Allmacht der Gedanken anschließt. Mitten in der Absperrung des Weltkrieges kam eine Nummer des englischen Magazins »Strand« in meine Hände, in der ich unter anderen ziemlich überflüssigen Produktionen eine Erzählung las, wie ein junges Paar eine möblierte Wohnung bezieht, in der sich ein seltsam geformter Tisch mit holzgeschnitzten Krokodilen befindet. Gegen Abend pflegt sich dann ein unerträglicher, charakteristischer Gestank in der Wohnung zu verbreiten, man stolpert im Dunkeln über irgend etwas, man glaubt zu sehen, wie etwas Undefinierbares über die Treppe huscht, kurz, man soll erraten, daß infolge der Anwesenheit dieses Tisches gespenstische Krokodile im Hause spuken, oder daß die hölzernen Scheusale im Dunkeln Leben bekommen oder etwas Ähnliches. Es war eine recht einfältige Geschichte, aber ihre unheimliche Wirkung verspürte man als ganz hervorragend.

Zum Schlusse dieser gewiß noch unvollständigen Beispielsammlung soll eine Erfahrung aus der psychoanalytischen Arbeit erwähnt werden, die, wenn sie nicht auf einem zufälligen Zusammentreffen beruht, die schönste Bekräftigung unserer Auffassung des Unheimlichen mit sich bringt. Es kommt oft vor, daß neurotische Männer erklären, das weibliche Genitale sei ihnen etwas Unheimliches. Dieses Unheimliche ist aber der Eingang zur alten Heimat des Menschenkindes, zur Örtlichkeit, in der jeder einmal und zuerst geweilt hat. »Liebe ist Heimweh«, behauptet ein Scherzwort, und wenn der Träumer von einer Örtlichkeit oder Landschaft noch im Traume denkt: Das ist mir bekannt, da war ich schon einmal, so darf die Deutung dafür das Genitale oder den Leib der Mutter [318] einsetzen. Das Unheimliche ist also auch in diesem Falle das ehemals Heimische, Altvertraute. Die Vorsilbe u n an diesem Worte ist aber die Marke der Verdrängung.

III.

Schon während der Lektüre der vorstehenden Erörterungen werden sich beim Leser Zweifel geregt haben, denen jetzt gestattet werden soll, sich zu sammeln und laut zu werden.

Es mag zutreffen, daß das Unheimliche das Heimliche-Heimische ist, das eine Verdrängung erfahren hat und aus ihr wiedergekehrt ist, und daß alles Unheimliche diese Bedingung erfüllt. Aber mit dieser Stoffwahl scheint das Rätsel des Unheimlichen nicht gelöst. Unser Satz verträgt offenbar keine Umkehrung. Nicht alles, was an verdrängte Wunschregungen und überwundene Denkweisen der individuellen Vorzeit und der Völkerurzeit mahnt, ist darum auch unheimlich.

Auch wollen wir es nicht verschweigen, daß sich fast zu jedem Beispiel, welches unseren Satz erweisen sollte, ein analoges finden läßt, das ihm widerspricht. Die abgehauene Hand z. B. im Hauffschen Märchen »Die Geschichte von der abgehauenen Hand« wirkt gewiß unheimlich, was wir auf den Kastrationskomplex zurückgeführt haben. Aber in der Erzählung des Herodot vom Schatz des Rhampsenit läßt der Meisterdieb, den die Prinzessin bei der Hand festhalten will, ihr die abgehauene Hand seines Bruders zurück, und andere werden wahrscheinlich ebenso wie ich urteilen, daß dieser Zug keine unheimliche Wirkung hervorruft. Die prompte Wunscherfüllung im »Ring des Polykrates« wirkt auf uns sicherlich ebenso unheimlich wie auf den König von Ägypten selbst. Aber in unseren Märchen wimmelt es von sofortigen Wunscherfüllungen, und das Unheimliche bleibt dabei aus. Im Märchen von den drei Wünschen läßt sich die Frau durch den Wohlgeruch einer Bratwurst verleiten zu sagen, daß sie auch so ein Würstchen haben möchte. Sofort liegt es vor ihr auf dem Teller. Der Mann wünscht im Ärger, daß es der Vorwitzigen an der Nase hängen möge. Flugs baumelt es an ihrer Nase. Das ist sehr eindrucksvoll, aber nicht im geringsten unheimlich. Das Märchen stellt sich überhaupt ganz offen auf den animistischen Standpunkt der Allmacht von Gedanken und Wünschen, und ich wüßte doch kein echtes Märchen zu nennen, in dem irgend etwas Unheimliches vorkäme. Wir haben gehört, daß es in hohem Grade unheimlich wirkt, wenn leblose Dinge, Bilder, Puppen, sich beleben, aber in den Andersenschen Märchen leben die Hausgeräte, die Möbel, der Zinnsoldat, und nichts ist vielleicht vom Unheimlichen entfernter. Auch die Belebung der schönen Statue des Pygmalion wird man kaum als unheimlich empfinden.

Scheintod und Wiederbelebung von Toten haben wir als sehr unheimliche Vorstellungen kennen gelernt. Dergleichen ist aber wiederum im Märchen sehr gewöhnlich, wer wagte es unheimlich [319] zu nennen, wenn z. B. Schneewittchen die Augen wieder aufschlägt? Auch die Erweckung von Toten in den Wundergeschichten z. B. des Neuen Testaments ruft Gefühle hervor, die nichts mit dem Unheimlichen zu tun haben. Die unbeabsichtigte Wiederkehr des Gleichen, die uns so unzweifelhafte unheimliche Wirkungen ergeben hat, dient doch in einer Reihe von Fällen anderen, und zwar sehr verschiedenen Wirkungen. Wir haben schon einen Fall kennen gelernt, in dem sie als Mittel zur Hervorrufung des komischen Gefühls gebraucht wird, und könnten Beispiele dieser Art häufen. Andere Male wirkt sie als Verstärkung u. dgl., ferner: woher rührt die Unheimlichkeit der Stille, des Alleinseins, der Dunkelheit? Deuten diese Momente nicht auf die Rolle der Gefahr bei der Entstehung des Unheimlichen, wenngleich es dieselben Bedingungen sind, unter denen wir die Kinder am häufigsten Angst äußern sehen? Und können wir wirklich das Moment der intellektuellen Unsicherheit ganz vernachlässigen, da wir doch seine Bedeutung für das Unheimliche des Todes zugegeben haben?

So müssen wir wohl bereit sein anzunehmen, daß für das Auftreten des unheimlichen Gefühls noch andere als die von uns vorangestellten stofflichen Bedingungen maßgebend sind. Man könnte zwar sagen, mit jener ersten Feststellung sei das psychoanalytische Interesse am Problem des Unheimlichen erledigt, der Rest erfordere wahrscheinlich eine ästhetische Untersuchung. Aber damit würden wir dem Zweifel das Tor öffnen, welchen Wert unsere Einsicht in die Herkunft des Unheimlichen vom verdrängten Heimischen eigentlich beanspruchen darf.

Eine Beobachtung kann uns den Weg zur Lösung dieser Unsicherheiten weisen. Fast alle Beispiele, die unseren Erwartungen widersprechen, sind dem Bereich der Fiktion, der Dichtung, entnommen. Wir erhalten so einen Wink, einen Unterschied zu machen zwischen dem Unheimlichen, das man erlebt, und dem Unheimlichen, das man sich bloß vorstellt, oder von dem man liest.

Das Unheimliche des Erlebens hat weit einfachere Bedingungen, umfaßt aber weniger zahlreiche Fälle. Ich glaube, es fügt sich ausnahmslos unserem Lösungsversuch, läßt jedesmal die Zurückführung auf altvertrautes Verdrängtes zu. Doch ist auch hier eine wichtige und psychologisch bedeutsame Scheidung des Materials vorzunehmen, die wir am besten an geeigneten Beispielen erkennen werden.

Greifen wir das Unheimliche der Allmacht der Gedanken, der prompten Wunscherfüllung, der geheimen schädigenden Kräfte, der Wiederkehr der Toten heraus. Die

Bedingung, unter der hier das Gefühl des Unheimlichen entsteht, ist nicht zu verkennen. Wir – oder unsere primitiven Urahnen – haben dereinst diese Möglichkeiten für Wirklichkeit gehalten, waren von der Realität dieser Vorgänge überzeugt. Heute glauben wir nicht mehr daran, wir haben diese Denkweisen *überwunden*, aber wir fühlen uns dieser neuen Überzeugungen nicht ganz sicher, die alten leben noch in uns fort [320] und lauern auf Bestätigung. Sowie sich nun etwas in unserem Leben *ereignet*, was diesen alten abgelegten Überzeugungen eine Bestätigung zuzuführen scheint, haben wir das Gefühl des Unheimlichen, zu dem man das Urteil ergänzen kann: Also ist es doch wahr, daß man einen anderen durch den bloßen Wunsch töten kann, daß die Toten weiterleben und an der Stätte ihrer früheren Tätigkeit sichtbar werden u. dgl.! Wer im Gegenteile diese animistischen Überzeugungen bei sich gründlich und endgültig erledigt hat, für den entfällt das Unheimliche dieser Art. Das merkwürdigste Zusammentreffen von Wunsch und Erfüllung, die rätselhafteste Wiederholung ähnlicher Erlebnisse an demselben Ort oder zum gleichen Datum, die täuschendsten Gesichtswahrnehmungen und verdächtigsten Geräusche werden ihn nicht irre machen, keine Angst in ihm erwecken, die man als Angst vor dem »Unheimlichen« bezeichnen kann. Es handelt sich hier also rein um eine Angelegenheit der Realitätsprüfung, um eine Frage der materiellen Realität[13].

13 [Anm. 1 zu 320] Da auch das Unheimliche des Doppelgängers von dieser Gattung ist, wird es interessant, die Wirkung zu erfahren, wenn uns einmal das Bild der eigenen Persönlichkeit ungerufen und unvermutet entgegentritt. E. *Mach* berichtet zwei solcher Beobachtungen in der »Analyse der Empfindungen«, 1900, Seite 3. Er

Anders verhält es sich mit dem Unheimlichen, das von verdrängten infantilen Komplexen ausgeht, vom Kastrationskomplex, der Mutterleibsphantasie usw., nur daß reale Erlebnisse, welche diese Art von Unheimlichem erwecken, nicht sehr häufig sein können. Das Unheimliche des Erlebens gehört zumeist der früheren Gruppe an, für die Theorie ist aber die Unterscheidung der beiden sehr bedeutsam. Beim Unheimlichen aus infantilen Komplexen kommt die Frage der materiellen Realität gar nicht in Betracht, die psychische Realität tritt an deren Stelle. Es handelt sich um wirkliche Verdrängung eines Inhaltes und um die Wiederkehr des Verdrängten, nicht um die Aufhebung des *Glaubens an die Realität* dieses Inhalts. Man könnte sagen, in dem einen Falle sei ein gewisser Vorstellungsinhalt, im

erschrak das eine Mal nicht wenig, als er erkannte, daß das gesehene Gesicht das eigene sei, das andere Mal fällte er ein sehr ungünstiges Urteil über den anscheinend Fremden, der in seinen Omnibus einstieg, »Was steigt doch da für ein herabgekommener Schulmeister ein«. – Ich kann ein ähnliches Abenteuer erzählen: Ich saß allein im Abteil des Schlafwagens, als bei einem heftigeren Ruck der Fahrtbewegung die zur anstoßenden Toilette führende Türe aufging und ein älterer Herr im Schlafrock, die Reisemütze auf dem Kopf, bei mir eintrat. Ich nahm an, daß er sich beim Verlassen des zwischen zwei Abteilen befindlichen Kabinetts in der Richtung geirrt hatte und fälschlich in mein Abteil gekommen war, sprang auf, um ihn aufzuklären, erkannte aber bald verdutzt, daß der Eindringling mein eigenes vom Spiegel in der Verbindungstür entworfenes Bild war. Ich weiß noch, daß mir die Erscheinung gründlich mißfallen hatte. Anstatt also über den Doppelgänger zu erschrecken, hatten beide – *Mach* wie ich – ihn einfach nicht agnosziert. Ob aber das Mißfallen dabei nicht doch ein Rest jener archaischen Reaktion war, die den Doppelgänger als unheimlich empfindet?

anderen der Glaube an seine (materielle) Realität verdrängt. Aber die letztere Ausdrucksweise dehnt wahrscheinlich [321] den Gebrauch des Terminus »Verdrängung« über seine rechtmäßigen Grenzen aus. Es ist korrekter, wenn wir einer hier spürbaren psychologischen Differenz Rechnung tragen und den Zustand, in dem sich die animistischen Überzeugungen des Kulturmenschen befinden, als ein – mehr oder wenig vollkommenes – *Überwundensein* bezeichnen. Unser Ergebnis lautete dann: Das Unheimliche des Erlebens kommt zustande, wenn *verdrängte* infantile Komplexe durch einen Eindruck wieder belebt werden, oder wenn *überwundene* primitive Überzeugungen wieder bestätigt scheinen. Endlich darf man sich durch die Vorliebe für glatte Erledigung und durchsichtige Darstellung nicht vom Bekenntnis abhalten lassen, daß die beiden hier aufgestellten Arten des Unheimlichen im Erleben nicht immer scharf zu sondern sind. Wenn man bedenkt, daß die primitiven Überzeugungen auf das innigste mit den infantilen Komplexen zusammenhängen und eigentlich in ihnen wurzeln, wird man sich über diese Verwischung der Abgrenzungen nicht viel verwundern.

Das Unheimliche der Fiktion – der Phantasie, der Dichtung – verdient in der Tat eine gesonderte Betrachtung. Es ist vor allem weit reichhaltiger als das Unheimliche des Erlebens, es umfaßt dieses in seiner Gänze und dann noch anderes, was unter den Bedingungen des Erlebens nicht vorkommt. Der Gegensatz zwischen Verdrängtem und Überwundenem kann nicht ohne tiefgreifende Modifikation auf das Unheimliche der Dichtung übertragen werden, denn das Reich der Phantasie hat ja zur Voraussetzung seiner Geltung, daß sein Inhalt von der Realitätsprüfung enthoben ist. Das paradox klingende Ergebnis ist, daß in der Dichtung vieles nicht unheimlich ist, was unheimlich wäre, wenn es sich im Leben ereignete, und daß in der Dichtung viele Möglichkeiten bestehen, unheimliche Wirkungen zu erzielen, die fürs Leben wegfallen.

Zu den vielen Freiheiten des Dichters gehört auch die, seine Darstellungswelt nach Belieben so zu wählen, daß sie mit der uns vertrauten Realität zusammenfällt, oder sich irgendwie von ihr entfernt. Wir folgen ihm in jedem Falle. Die Welt des Märchens z. B. hat den Boden der Realität von vornherein verlassen und sich offen zur Annahme der animistischen Überzeugungen bekannt. Wunscherfüllungen, geheime Kräfte, Allmacht der Gedanken, Belebung des Leblosen, die im Märchen ganz gewöhnlich sind, können hier keine unheimliche Wirkung äußern, denn für die Entstehung des unheimlichen Gefühls ist, wie wir gehört haben, der Urteilsstreit erfordert, ob das überwundene Unglaubwürdige nicht doch real möglich ist, eine Frage, die durch die Voraussetzungen der Märchenwelt überhaupt aus dem Wege geräumt ist. So verwirklicht das Märchen, das uns die meisten Beispiele von Widerspruch gegen unsere Lösung des Unheimlichen geliefert hat, den zuerst erwähnten Fall, daß im Reiche der Fiktion vieles nicht unheimlich ist, was unheim-[322]lich wirken müßte, wenn es sich im Leben ereignete. Dazu kommen fürs Märchen noch andere Momente, die später kurz berührt werden sollen.

Der Dichter kann sich auch eine Welt erschaffen haben, die minder phantastisch als die Märchenwelt, sich von der realen doch durch die Aufnahme von höheren geistigen

Wesen, Dämonen oder Geistern Verstorbener scheidet. Alles Unheimliche, was diesen Gestalten anhaften könnte, entfällt dann, soweit die Voraussetzungen dieser poetischen Realität reichen. Die Seelen der Danteschen Hölle oder die Geistererscheinungen in Shakespeares Hamlet, Macbeth, Julius Caesar mögen düster und schreckhaft genug sein, aber unheimlich sind sie im Grunde ebensowenig wie etwa die heitere Götterwelt Homers. Wir passen unser Urteil den Bedingungen dieser vom Dichter fingierten Realität an und behandeln Seelen, Geister und Gespenster, als wären sie vollberechtigte Existenzen, wie wir es selbst in der materiellen Realität sind. Auch dies ist ein Fall, in dem Unheimlichkeit erspart wird.

Anders nun, wenn der Dichter sich dem Anscheine nach auf den Boden der gemeinen Realität gestellt hat. Dann übernimmt er auch alle Bedingungen, die im Erleben für die Entstehung des unheimlichen Gefühls gelten, und alles, was im Leben unheimlich wirkt, wirkt auch so in der Dichtung. Aber in diesem Falle kann der Dichter auch das Unheimliche weit über das im Erleben mögliche Maß hinaus steigern und vervielfältigen, indem er solche Ereignisse vorfallen läßt, die in der Wirklichkeit nicht oder nur sehr selten zur Erfahrung gekommen wären. Er verrät uns dann gewissermaßen an unseren für überwunden gehaltenen Aberglauben, er betrügt uns, indem er uns die gemeine Wirklichkeit verspricht und dann doch über diese hinausgeht. Wir reagieren auf seine Fiktionen so, wie wir auf eigene Erlebnisse reagiert hätten; wenn wir den Betrug merken, ist es zu spät, der Dichter hat seine Absicht bereits erreicht, aber ich muß behaupten, er hat keine reine Wirkung erzielt. Bei uns bleibt ein Gefühl von Unbefriedigung, eine

Art von Groll über die versuchte Täuschung, wie ich es besonders deutlich nach der Lektüre von Schnitzlers Erzählung »Die Weissagung« und ähnlichen mit dem Wunderbaren liebäugelnden Produktionen verspürt habe. Der Dichter hat dann noch ein Mittel zur Verfügung, durch welches er sich dieser unserer Auflehnung entziehen und gleichzeitig die Bedingungen für das Erreichen seiner Absichten verbessern kann. Es besteht darin, daß er uns lange Zeit über nicht erraten läßt, welche Voraussetzungen er eigentlich für die von ihm angenommene Welt gewählt hat, oder daß er kunstvoll und arglistig einer solchen entscheidenden Aufklärung bis zum Ende ausweicht. Im ganzen wird aber hier der vorhin angekündigte Fall verwirklicht, daß die Fiktion neue Möglichkeiten des unheimlichen Gefühls erschafft, die im Erleben wegfallen würden.

Alle diese Mannigfaltigkeiten beziehen sich streng genommen [323] nur auf das Unheimliche, das aus dem Überwundenen entsteht. Das Unheimliche aus verdrängten Komplexen ist resistenter, es bleibt in der Dichtung – von einer Bedingung abgesehen – ebenso unheimlich wie im Erleben. Das andere Unheimliche, das aus dem Überwundenen, zeigt diesen Charakter im Erleben und in der Dichtung, die sich auf den Boden der materiellen Realität stellt, kann ihn aber in den fiktiven, vom Dichter geschaffenen Realitäten einbüßen.

Es ist offenkundig, daß die Freiheiten des Dichters und damit die Vorrechte der Fiktion in der Hervorrufung und Hemmung des unheimlichen Gefühls durch die vorstehenden Bemerkungen nicht erschöpft werden. Gegen das Erleben verhalten wir uns im allgemeinen gleichmäßig passiv und unterliegen der Einwirkung des Stofflichen. Für den Dichter sind wir aber in besonderer Weise lenkbar, durch die Stimmung, in die er uns versetzt, durch die Erwartungen, die er in uns erregt, kann er unsere Gefühlsprozesse von dem einen Erfolg ablenken und auf einen anderen einstellen, und kann aus demselben Stoff oft sehr verschiedenartige Wirkungen gewinnen. Dies ist alles längst bekannt und wahrscheinlich von den berufenen Ästhetikern eingehend gewürdigt worden. Wir sind auf dieses Gebiet der Forschung ohne rechte Absicht geführt worden, indem wir der Versuchung nachgaben, den Widerspruch gewisser Beispiele gegen unsere Ableitung des Unheimlichen aufzuklären. Zu einzelnen dieser Beispiele wollen wir darum auch zurückkehren.

Wir fragten vorhin, warum die abgehauene Hand im Schatz der Rhampsenit nicht unheimlich wirke wie etwa in der Hauffschen »Geschichte von der abgehauenen Hand«. Die Frage erscheint uns jetzt bedeutsamer, da wir die größere Resistenz des Unheimlichen aus der Quelle verdrängter Komplexe erkannt haben. Die Antwort ist leicht zu geben. Sie lautet, daß wir in dieser Erzählung nicht auf die Gefühle der Prinzessin, sondern auf die überlegene Schlauheit des »Meisterdiebes« eingestellt werden. Der Prinzessin mag das unheimliche Gefühl dabei nicht erspart worden sein, wir wollen es selbst für glaubhaft halten, daß sie in Ohnmacht gefallen ist, aber wir verspüren nichts Unheimliches, denn wir versetzen uns nicht in sie, sondern in den anderen. Durch eine andere Konstellation wird uns der Eindruck des Unheimlichen in der Nestroyschen Posse »Der Zerrissene« erspart, wenn der Geflüchtete, der sich für einen Mörder hält, aus jeder Falltüre, deren Deckel er aufhebt, das vermeintliche Gespenst des Ermordeten aufsteigen sieht und verzweifelt ausruft: Ich hab' doch nur einen umgebracht. Zu was diese gräßliche Multiplikation? Wir kennen die Vorbedingungen dieser Szene, teilen den Irrtum des »Zerrissenen« nicht, und darum wirkt, was für ihn unheimlich sein muß, auf uns mit unwiderstehlicher Komik. Sogar ein »wirkliches« Gespenst wie das in O. Wildes Erzählung »Der Geist von Canterville« muß all seiner Ansprüche, wenigstens [324] Grauen zu erregen, verlustig werden, wenn der Dichter sich den Scherz macht, es zu ironisieren und hänseln zu lassen. So unabhängig kann in der Welt der Fiktion die Gefühlswirkung von der Stoffwahl sein. In der Welt der Märchen sollen Angstgefühle, also auch unheimliche Gefühle überhaupt nicht erweckt werden. Wir verstehen das und sehen darum auch über die Anlässe hinweg, bei denen etwas Derartiges möglich wäre.

Von der Einsamkeit, Stille und Dunkelheit können wir nichts anderes sagen, als daß dies wirklich die Momente sind, an welche die bei den meisten Menschen nie ganz erlöschende Kinderangst geknüpft ist. Die psychoanalytische Forschung hat sich mit dem Problem derselben an anderer Stelle auseinandergesetzt.

Zu dieser Ausgabe

Textgrundlage ist die Erstveröffentlichung des Aufsatzes:

> Sigmund Freud: Das Unheimliche. In: Imago. Zeitschrift für Anwendung der Psychoanalyse (1919) Nr. 5/6. S. 297–324.

Die Originalpaginierung wird in eckigen Klammern wiedergegeben. Die Anmerkungen beziehen sich auf Seiten und Zeilen der vorliegenden Ausgabe. Die Orthographie und Zeichensetzung folgt der Vorlage buchstaben- und zeichengenau. Eingriffe im Text (etwa wegen offensichtlicher Schreibversehen) sind im Folgenden aufgelistet. Vor dem Lemmazeichen] steht jeweils die verbesserte Form.

14,13 Heimlich] »Heimlich
15,2 5,12 ...).] 5,12 ...
17,14 hoffe, die] hoffe die
18,23 Coppelius] Coppelius 1)
21,16 Vorstellung, der] Vorstellung der
werden, haftet] werden haftet
23,16 Drohung, das] Drohung das
einzubüßen, erhebt] einzubüßen erhebt
25,4 Entstehung] Enstehung
31,24 aufzusuchen, und] aufzusuchen und
32,13 Zahl, wenigstens] Zahl wenigstens
32,14 »unheimlich«, und] »unheimlich« und
33,18 Zeit, uns] Zeit uns
34,10 sei, und] sei und
35,7 Seligmann] Seligman

38,10 ein, und] ein und
39,23 schaden, sich] schaden sich
39,24 »Gettatore« ist] »Gettatore«, ist
42,27 soll, sich] soll sich
43,6 alles, was] alles was
43,24 Wunscherfüllungen, und] Wunscherfüllungen und
44,7 Zinnsoldat, und] Zinnsoldat und
44,24 f. wird, und] wird und
49,6 bestehen, unheimliche] bestehen unheimliche
50,1 f. alles, was] alles was
50,26 wie] wir

Anmerkungen

6,6 *Jentsch:* Ernst Jentsch (1867–1919), deutscher Psychiater.

6,12 *Priorität:* Vorrang, herausgehobene Stellung.

8,30 *Reik:* Theodor Reik (1888–1969), einer der wenigen Nicht-Mediziner um Freud, österreichischer, später US-amerikanischer Psychoanalytiker, bis 1928 Sekretär der Wiener Psychoanalytischen Vereinigung. Da er auch Literatur- und Religionswissenschaft studiert hatte, finden sich bei ihm zahlreiche Arbeiten im Überschneidungsbereich von Literatur- bzw. Kulturwissenschaft und Psychoanalyse, z. B. zu Beer-Hofmann, Flaubert, Goethe, zum Ritual und zu Riten, auf die sich wiederum Freud stützen konnte, wofür er in der Fußnote dankt.

13,24 f. *Gutzkow: »Wir nennen das unheimlich, Sie nennen's heimlich.«:* Karl Gutzkow in seinem Roman *Die Ritter vom Geiste*, 2. Buch, 3. Kapitel: »Auch möglich, sagte der Jäger. Die Zeck's sind alle heimlich. / Heimlich? fragte Dankmar. Was verstehen Sie unter heimlich? / Dankmar hätte sie lieber unheimlich genannt. / Nun! sagte der Jäger. Es soll mir nicht einfallen diesen Leuten etwas Schlimmes nachzusagen, sie stehen in bravem Rufe und gehörten früher auch zu den Frommen, die die hochselige Fürstin beschützt hat. Aber es kommt mir mit ihnen vor wie mit einem zugegrabenen Brunnen oder einem ausgetrockneten Teich. Man kann nicht darüber gehen ohne daß es einem immer ist, als könnte da wieder einmal Wasser zum Vorschein kommen. / Wir nennen das, sagte nun Dankmar, unheimlich. Sie nennen's heimlich. Worin finden Sie denn, daß diese Familie etwas Verstecktes und Unzuverlässiges hat?« (*Die Ritter vom Geiste. Roman in neun Büchern*, [3 Bde.] hrsg. von Thomas Neumann, Frankfurt a. M. 1998, S. 416.)

14,3 *genetische:* hier: eine direkte Abstammung begründende.

14,5 *Schelling:* Friedrich Wilhelm Joseph Schelling (1775–1854), wichtiger Philosoph des deutschen Idealismus.

14,8 f. *Unheimlich sei … hervorgetreten ist:* Schellings Aussage aus der *Philosophie der Mythologie* (1842) wird nur ungenau wiedergegeben. Die Originalstelle lautet: »unheimlich nennt man alles, was im Geheimniß, im Verborgenen, in der Latenz bleiben sollte und hervorgetreten ist« (F. W. J. Schelling, *Ausgewählte Schriften*, Bd. 6, 1842–1852. 2. Tl. Frankfurt a. M. 1985, S. 661 f.). Alt fragt sich, warum sich Freud in seinem Zitat »den Begriff des ›Latenten‹ entgehen ließ«, und stellt zwei Vermutungen an: Entweder kannte Freud das Originalzitat nicht oder »er wollte die große Nähe zur psychologischen Begrifflichkeit Schellings verschleiern, um die Originalität seiner Überlegungen nicht in Frage gestellt zu sehen« (Alt 2016, S. 624, s. a. Kremer 2008, S. 61).

14,13–15,24 *Heimlich ... theater, 3,298:* Freud zitiert den Artikel »Heimlich« im Grimmschen Wörterbuch nicht völlig exakt und stark gekürzt. Vgl. Jacob und Wilhelm Grimm, *Deutsches Wörterbuch*, Leipzig 1854–1961, Bd. 10, Sp. 874–880.

15,26 f. *bis es endlich mit seinem Gegensatz unheimlich zusammenfällt:* Freud hatte sich mit diesem sprachlichen und etymologischen Problem schon 1910 im Aufsatz *Vom Gegensinn der Urworte* (s. *»Der Dichter und das Phantasieren«. Schriften zur Kunst und Kultur*, S. 118–125) beschäftigt.

15,30 *Schleiermacher:* Friedrich Schleiermacher (1768–1834), deutscher Theologe, Philosoph und Altphilologe.

17,5 *E. T. A. Hoffmann:* Ernst Theodor Amadeus Hoffmann (1776–1822), deutscher Schriftsteller, wichtiger Vertreter der späten Romantik, Vorläufer der Schwarzen Romantik, Jurist, Komponist, Musikkritiker und Zeichner.

17,6 *Phantasiestücken:* Sammlung der *Fantasiestücke in Callots Manier* von E. T. A. Hoffmann, 1814/15 erschienen.

17,9 *Der Sandmann:* Erzählung von E. T. A. Hoffmann, handschriftlich fertig geschrieben am »16. Novbr. 1815, Nachts 1 Uhr«, veröffentlicht 1818 als erste Novelle im »Ersten Theil« in der Sammlung der *Nachtstücke*.

17,13 f. *Offenbachschen Oper »Hoffmanns Erzählungen«: Les contes d'Hoffmann*, phantastische Oper in fünf Akten von Jacques Offenbach (1819–1880) nach Werken E. T. A. Hoffmanns; Offenbach gilt als Begründer der modernen Operette.

18,29 *Delirium:* schwere Störung des Bewusstseins und der Aufnahmefähigkeit.

21,29 *Hamlet: Tragedy of Hamlet, Prince of Denmark,* berühmtes Drama von William Shakespeare, zwischen 1598 und 1602 verfasst.

Macbeth: The Tragedy of Macbeth, um 1606 von William Shakespeare verfasst. Es geht um einen Königsmord: Macbeth, angetrieben von seiner machthungrigen Frau, tötet den König, nimmt dessen Platz ein und scheitert daran, die auf ihn übergegangene Macht zu behalten. Es ist eines seiner kürzesten und grausigsten Werke (berühmt etwa die Stelle, wo Lady Macbeth in Alpträumen durch ihr Schloss geistert, oder wo Macbeth Geistererscheinungen der von ihm Gemordeten sieht). Freud war von diesem Stück fasziniert und wollte eine größere Untersuchung schreiben, setzte den Plan aber nie in die Tat um.

21,30 *Sturm: The Storm,* das letzte Theaterstück Shakespeares, 1611 aufgeführt; einer der Protagonisten ist der Zauberer Prospero.

Sommernachtstraum: A Midsummer Night's Dream, 1595 oder 1596 von Shakespeare verfasst; zu den Protagonisten gehören der Elfenkönig Oberon und seine Frau Titania; in dem Stück wird u. a. ein Mensch in einen Esel verzaubert.

22,5 *Perspektiv:* kleines Fernrohr.

22,30 f. *Frau Dr. Rank:* Beata Rank-Minzer (1886–1961), Ehefrau von Otto Rank (s. Anm. zu 27,26). Freud setzt die Kenntnis der Person von Otto Rank voraus, um dessen Frau in dieses Feld einzuordnen.

23,2 *Oedipus:* antike Sagenfigur, Sohn des Laios, der seinen Vater unwissentlich tötet und für die Lösung der Rätsel der Sphinx als Preis Jokaste (seine Mutter – auch dies weiß Ödipus nicht) zur Frau erhält; wie vom Orakel vorausgesagt, hat er auf diese Weise Vatermord und Inzest begangen und reißt sich, als er die Wahrheit erfährt, verzweifelt die Augen heraus; der griechische Dramatiker Sophokles (497/496–406/405 v. Chr.) gestaltete die Sage in seiner Tragödie *König Ödipus.*

23,4 *Talion:* auch *ius talionis* (lat., ›Recht der Vergeltung‹), Rechtsprinzip, das Schaden und Strafe in ein gleiches Verhältnis zu setzen sucht (»Auge um Auge«) und auch der Idee der Rache zugrunde liegen kann.

23,19 f. *Neurotikern:* Neurotiker: nervlich Erkrankter, an einer Neurose Leidender. Neurotiker (und Kinder) entwerfen oft eine eigentümliche Familiengeschichte, die Freud 1909 in dem Aufsatz *Der Familienroman der Neurotiker* untersuchte (die eigenen Eltern werden als unecht erklärt und etwa eine königliche Abstammung behauptet).

24,14 *Vaterimago:* Imago (lat., ›Bild‹): unbewusstes Vorbild von Personen, das die Art und Weise bestimmt, wie ein Mensch den anderen wahrnimmt. Geprägt und gebildet wird die Imago von den ersten Beziehungen, die das Kind innerhalb der Familie erfährt.

25,21 *narzißtische:* Gemeint ist hier der sekundäre Narzissmus als Anwendung bzw. »Rückwendung der von ihren Objektsetzungen zurückgezogenen Libido« (Laplanche/Pontalis 2004, S. 321), also als eine Rückwendung auf sich selbst.

25,31 f. *Grisebach:* Eduard Griesebach (1845–1906), deutscher Literaturwissenschaftler.

26,27 f. *Die Elixire des Teufels:* E. T. A. Hoffmanns Roman *Die Elixiere des Teufels. Nachgelassene Fragmente des Bruders Medardus eines Capuziners*, 2 Tle., Berlin 1815–16, autobiografischer Roman eines Mönches, der seinem Doppelgänger begegnet.

27,9 *infantilen:* aus der Kindheit stammenden.

27,15 f. *Telepathie:* Gedankenübertragung.

27,26 *O. Rank:* Otto Rank (d. i. Otto Rosenfeld, 1884–1939) war ein österreichischer Psychoanalytiker, Sekretär der Wiener Psychoanalytischen Gesellschaft und von 1912 bis 1924 Mitherausgeber der Zeitschrift *Imago*, von 1919 bis 1924 leitete er den Internationalen Psychoanalytischen Verlag. Er siedelte 1936 nach New York über.

28,3 f. *energische Dementierung:* nachdrückliche Verneinung.

28,14 f. *primären Narzißmus:* im Gegensatz zum sekundären Narzissmus (vgl. Anm. zu 25,21) ein früher Zustand der Ichentwicklung, in dem »das Kind sich selbst mit seiner ganzen Libido besetzt« (Laplanche/Pontalis, S. 320), diese also nicht auf andere wendet.

28,16 *Primitiven:* hier: Nicht-Zivilisierten.

28,24 *Instanz:* Gemeint ist hier das Über-Ich.

28,27 f. *Im pathologischen Falle:* im Fall einer seelischen Erkrankung.

28,28 *Beachtungswahnes:* Narzissmus.

29,4 f. *überwundenen Narzißmus der Urzeit:* Gemeint ist der primäre Narzissmus (s. Anm. zu 28,14 f.) in phylogenetischer Perspektive.

29,17 f. *zwei Seelen in des Menschen Brust wohnen:* Anspielung auf Fausts Ausspruch zu Wagner: »Zwei Seelen wohnen, ach! in meiner Brust, / Die eine will sich von der andern trennen; / Die eine hält, in derber Liebeslust, / Sich an die Welt, mit klammernden Organen; / Die andre hebt gewaltsam sich vom Dust [Staub] / Zu den Gefilden hoher Ahnen« (Goethe, *Faust, Der Tragödie Erster Teil*, V. 1112–1117, S. 33).

29,21 *der kritischen Instanz und dem Ich-Rest:* Die fiktionale Figur der Entzweiung wird hier in einem Instanzenmodell des Ichs übersetzt: Aus dem Ich spaltet sich ein Über-Ich ab, was zur Folge hat, dass zwischen Ich und dem Unbewussten, dem Es, unterschieden werden muss.

29,27 f. *H. H. Ewersschen Dichtung »Der Student von Prag«:* Mit »Dichtung« meint Freud hier den Film – oder, wie Otto Rank es nennt, das »Filmdrama« – *Der Student von Prag*; das Drehbuch stammt von dem deutscher Schriftsteller, Drehbuchautor und Filmemacher Hanns Heinz Ewers (1871–1943). Der Film unter der Regie des Dänen Stellan Rye (1880–1914) gilt als einer der ersten Kunstfilme der Filmgeschichte. Die hoffmannesken Motive, die Ewers verwendet, konnten im Film mit früher Tricktechnik visuell umgesetzt werden (die Figur erscheint als Doppelgänger dem Publikum zweifach). So intensiv das Verhältnis von Film und Psychoanalyse später beleuchtet wurde, zeigt sich hier an Freuds Ausführungen jedoch seine grundsätzliche Distanz zum Medium Film (s. a. das Nachwort hier S. 117).

30,11 f. *Heine, Die Götter im Exil:* 1853 erstmals veröffentlichte Schrift Heinrich Heines (1797–1856) über die Flucht der heidnischen Götter vor der christlichen Religion (so seine These).

30,17 *Regression:* Rückschritt zu einem bereits erreichten Punkt in einer Entwicklung, bei Freud meist Rückzug auf eine kindliche Stufe (also zu Etappen, die in der Entwicklung bereits überschritten wurden).

31,26 *Mark Twain:* Der u. a. durch seinen Roman *Adventures of Huckleberry Finn* berühmt gewordene US-amerikanische Schriftsteller und Journalist Mark Twain (1835–1910) verarbeitete in seinem Buch *A Tramp Abroad* (London 1880) humorvoll die Erfahrungen einer Europareise. Auf die Umfrage von Hugo Heller, der in Wien einen Verlag und einen literarischen Salon betrieb, nach zehn guten Büchern nennt Freud auch die *Sketches* von Mark Twain (ein ausführlicher Kommentar dazu findet sich bei Gay 1992, S. 117–119; vgl. hier S. 82, Anm. 8). Freud hatte Twain am 1. Februar 1898 in Wien erlebt: Twain hielt einen Vortrag im Bösendorfer Saal, über den er dem damaligen Freund Wilhelm Fließ berichtet und an den er sich noch später, in der Schrift *Das Unbehagen in der Kultur* (1930) erinnert.

32,20–22 *des großen Physiologen E. Hering ... zwei Personen dieses Namens:* Karl Ewald Konstantin Hering (1834–1918), deutscher Physiologe und Hirnforscher. Sein Sohn, Heinrich Ewald Hering (1866–1948), ergriff denselben Beruf wie der Vater; er ist vermutlich die hier gemeinte zweite Person dieses Namens.

32,30 *Kammerer:* Paul Kammerer (1880–1926), österreichischer Biologe, der die Vererbung von erworbenen Eigenschaften untersuchte.

33,7 *Wiederholungszwanges:* nicht unterdrückbarer Prozess unbewusster Herkunft, bei dem sich ein Mensch in eine Situation bringt und so eine frühere Situation wiederbelebt, ohne sich an die frühere Szene zu erinnern.

33,23 *Ring des Polykrates:* berühmte Ballade von Friedrich Schiller (1759–1805): Der vom Glück geradezu verfolgte Tyrann Polykrates wirft seinen Ring in das Meer; am nächsten Tag bringt ihm sein Koch den Ring zurück (ein Fisch hatte ihn verschluckt) – mit Entsetzen flieht vor ihm sein Gast, der Pharao.

34,1 *Zwangsneurotikers:* Eine Zwangsneurose drückt sich in zwanghaften Gedanken, dem Zwang zur Ausführung eigentlich unerwünschter Handlungen und im Kampf gegen diese Gedanken und Neigungen aus.

34,2 f. *Wasserheilanstalt:* Kuranstalten mit Wasserbehandlung (Bäder, Trinkkuren).

34,20 f. *Analoges:* Entsprechendes.

35,29 *S. Seligmann, Der böse Blick und Verwandtes:* Der Untertitel des Buches von Siegfried Seligmann (1870–1926) lautet: *Ein Beitrag zur Geschichte des Aberglaubens aller Zeiten und Völker.*

35,27 *Animismus:* schriftlose Frühform der Religion (ohne Götter oder religiöse Bauten), deren Glaube sich an eine beseelte Natur richtet.

36,5 *Mana:* Begriff aus der Religion der Völker Polynesiens, der Macht und spirituelle Energie bezeichnet.

36,26 *Totem und Tabu:* Werk Freuds, 1913 erstmals veröffentlicht, über die möglichen Wurzeln u. a. des Inzesttabus; GW 9.

37,7 *[...]:* Hier verweist Freud auf eine frühere Passage seines Aufsatzes; in der vorliegenden Ausgabe S. 13.

38,8 *paradiert:* tut sich hervor.

39,24 *Gettatore:* (ital.) ein Mensch, der den »bösen Blick« hat.

39,26 *Albrecht Schäffer:* Albrecht Schaeffer (1885–1950), deutscher Schriftsteller und Übersetzer, mit meist mythologischen oder mittelalterlich-mystischen Themen; Freuds letzter Brief ging an Schaeffer, den er dabei »meinen Dichter« nannte.

39,27 *Josef Montfort:* 1918 erschienener, aus Novellen zusammengefügter Roman von Albrecht Schaeffer (s. Anm. zu 39,26).

39,29 f. *Das Tabu und die Ambivalenz in »Totem und Tabu«:* vgl. Anm. zu 36,26.

40,6 f. *Sie ahnt ... Teufel bin:* Mephisto sagt in Goethes *Faust. Der Tragödie Erster Teil*: »Sie fühlt, dass ich ganz sicher ein Genie, / Vielleicht wohl gar der Teufel bin« (Marthens Garten, V. 3540 f., S. 103). Nach der Gretchenfrage (wie Faust es mit der Religion halte) hatte Margarete zu Faust ihr Missfallen über seinen Begleiter Mephisto geäußert: »Der Mensch, den du da bei dir hast, / Ist mir in tiefer inn'rer Seele verhaßt« (V. 3471 f.).

40,8 *Fallsucht:* Epilepsie.

40,22 f. *eine vom Arm gelöste Hand ... Hauff:* »Die Geschichte von der abgehauenen Hand« (in: *Sämtliche Märchen*, hrsg. von Hans-Heino Ewers, Stuttgart 2010, S. 44–84): Ein Wundarzt und Kaufmann erhält den Auftrag, den Leichnam einer Frau einzubalsamieren und dabei den Kopf abzutrennen, der aus Pietät dem fernen Vater der Toten gesandt werden solle. Er tötet dabei jedoch zu seinem Schrecken die in Wahrheit noch gar nicht Verstorbene und wird nach längerer Gerichtsverhahdlung zum Verlust seines gesamten Vermögens und der linken Hand verurteilt. Das Märchen ist geprägt von einer geheimnisvoll-gruseligen Atmosphäre.

41,1 f. *Unheimlichkeit der Vorstellung…, scheintot begraben zu werden:* Aufgrund der weitverbreiteten Angst, lebendig begraben zu werden (die althergebrachten Überprüfungstechniken – etwa einen Spiegel oder eine Feder vor den Mund zu halten, um so Atemtätigkeit nachzuweisen – sind nicht zuverlässig), verfasste 1808 der Arzt Christoph Wilhelm Hufeland (1762–1836) eine Schrift über den Scheintod: Er forderte u. a., Leichenhallen einzurichten (dort sollten z. B. Scheintote nach ihrem Erwachen sich mit einer leicht erreichbaren Klingel bemerkbar machen können, und erst nach Einsetzen der Verwesung dürfe beerdigt werden).

41,24 *des englischen Magazins »Strand«: The Strand Magazine* (1851–1950), eine der ersten Illustrierten, die mit Reportagen, Berichten über Berühmtheiten und Kurzgeschichten das Publikum unterhielt. Bemerkenswert ist die Erwähnung dieses Magazins auch deswegen, weil dort die frühen Sherlock-Holmes-Geschichten erstveröffentlicht wurden und diese Detektivfigur für Freud auch zum Selbstverständigungsmodell des Psychoanalytikers wurde (s. a. Nachwort hier S. 118; Rohrwasser 2005, S. 17–86, bes. S. 52; Haselstein 1991, S. 22–31; Shepard 1986).

43,16 f. *Erzählung des Herodot vom Schatz des Rhampsenit:* Der griechische Geschichtsschreiber Herodot erzählt (*Historien* 2,121): Der König Rhampsenit besaß so große Schätze, dass er eine Kammer aus Stein baute, um seinen Reichtum zu schützen. Der Baumeister der Kammer hatte jedoch einen Stein nur locker eingesetzt. Dies erzählte er auf dem Sterbebett seinen Söhnen, die in der Folgezeit mehrmals Gold aus der verschlossenen Kammer stahlen. Das bemerkte der König, stellte Fallen in der Kammer auf und einer der Brüder hing fest. Der bat seinen anderen Bruder, ihm den Kopf abzuschneiden, damit niemand den Schuldigen erkennen könne. Der König fand den Leichnam und ließ ihn ausstellen, um an den Reaktionen der Passanten herauszubekommen, wem der Tote nahestand, doch der Bruder stahl den Toten. Der König dachte sich erneut eine List aus: Er schickte seine Tochter in ein Bordell, sie sollte dort jeden Bewerber um ihr Bett fragen, was die dreisteste Tat in seinem Leben gewesen sei. Der Bruder erschien, hatte aber einer »frischen Leiche [...] an der Schulter einen Arm abgeschnitten und im Mantel verborgen«. Treuherzig, so Herodot, habe er seine Geschichte erzählt, als die Tochter aber nach ihm griff, habe der Dieb »ihr in der Dunkelheit den Arm des Toten hingehalten; sie habe diesen genommen und festgehalten, weil sie glaubte, dass sie den Arm von jenem festhalte. Der Dieb aber habe ihn ihr überlassen, sei durch die Tür geflohen und fortgelaufen« (Herodot, *Historien. 2. Buch*, griech./dt., übers. und hrsg. von Kai Brodersen, Stuttgart 2005, S. 145, 147).

43,25 f. *Märchen von den drei Wünschen:* Gemeint ist nicht ein Märchen, sondern die Kalendergeschichte »Drei Wünsche« von Johann Peter Hebel (1760–1826): In der Geschichte wünscht sich die Frau ein Bratwürstchen. Der wegen des verschwendeten Wunsches wütende Mann wünscht ihr die Bratwurst an die Nase. Verzweifelt nutzen sie den dritten Wunsch, um die Wurst wieder von der Nase zu bekommen. Das Stück endet mit der Erkenntnis: »Merke: Alle Gelegenheit, glücklich zu werden, hilft nichts, wer den Verstand nicht hat, sie zu benutzen.« J. P. H., *Aus dem Schatzkästlein des rheinischen Hausfreundes*, hrsg. von Winfried Theiss, Stuttgart 2009, S. 5–7, hier S. 7.

44,7 f. *in den Andersenschen Märchen leben die Hausgeräte, die Möbel:* Belebte Hausgeräte finden sich in Hans Christian Andersens (1805–1875) Märchen z. B. in *Die Stopfnadel*, wo die Nadeln des Haushalts sprechen können (vgl. H. C. Andersen, *Märchen*, übers. von Heinrich Denhardt, Ausw. und Nachw. von Leif Ludwig Albertsen, Stuttgart 1986 [u. ö.], S. 363–367), belebte Möbel z. B. in *Der fliegende Koffer* (ebd., S. 201–208).

44,7 *Zinnsoldat:* In Andersens Märchen *Der standhafte Zinnsoldat* verliebt sich der Zinnsoldat in die Papier-Ballerina und verbrennt am Ende mit ihr zusammen im Ofen (s. Anm. zu 44,7 f., S. 157–163).

44,9 f. *die Belebung der schönen Statue des Pygmalion:* vgl. Ovid, *Metamorphosen* (10,243–297). Der Bildhauer Pygmalion verliebt sich unsterblich in die von ihm geschaffene Statue, bittet Venus um Hilfe und heiratet am Ende die lebendig gewordene Statue (vgl. Ovid, *Metamorphosen*, lat./dt., übers. und hrsg. von Michael von Albrecht, Stuttgart 2010, S. 596–601).

44,15 f. *wenn … Schneewittchen die Augen wieder aufschlägt:* In *Sneewitchen*, einem Märchen der Gebrüder Grimm, soll Schneewittchen getötet werden, da ihre Stiefmutter ihr ihre Schönheit nicht gönnt, gelangt aber zu den sieben Zwergen und wird dort später von ihrer als Händlerin verkleideten Stiefmutter mit einem Apfel vergiftet. Von den Zwergen in einem Glassarg transportiert, fällt ihr durch eine Erschütterung der vergiftete Apfel aus dem Mund, und sie wird ins Leben zurückgerufen (*Kinder- und Hausmärchen*, Ausgabe letzter Hand mit den Originalanmerkungen der Brüder Grimm, hrsg. von Heinz Rölleke, 3 Bde., Stuttgart [7]2010, Bd. 1, S. 258–267; in der textidentischen einbändigen Ausgabe der gebundenen Reclam Bibliothek, Stuttgart 2009, S. 257–266).

44,16–18 *Erweckung von Toten in den Wundergeschichten … des Neuen Testaments:* Lazarus von Bethanien wurde, so Johannes 11,17 ff., von Jesus von den Toten auferweckt.

46,30 *E. Mach:* Ernst Mach (1838–1916), Physiker und Philosoph, Wegbereiter der Gestalttheorie und Gestaltpsychologie.

47,30 f. *agnosziert:* erkannt, identifiziert.

50,4 *Danteschen Hölle:* Der erste Teil von Dantes Hauptwerk *La Divina Commedia (Die Göttliche Komödie)* spielt in der Hölle (*Inferno*): Dante besucht dort unter der Führung des römischen Dichters Vergil die Verdammten und steigt in den verschiedenen Höllenkreisen bis hinab zum Grund, einem Eissee, in dem der Teufel feststeckt und mit seinen drei Mäulern die Erzverräter Judas, Brutus und Cassius unablässig zermalmt.

50,5 f. *Geistererscheinungen in Shakespeares Hamlet, … Julius Caesar:* Hamlet erscheint der Geist seines toten Vaters; in Shakespeares *Julius Caesar* erscheint der Geist des ermordeten Cäsar.

50,8 *die heitere Götterwelt Homers:* Anspielung auf das »olympische Gelächter«, in das die Götter ausbrechen, als sie Aphrodite und Ares im Bett, von dem betrogenen Ehemann Hephaistos bewegungsunfähig gemacht, erblicken (*Odyssee* 8,326: »Unauslöschliches Gelächter erhob sich unter den Göttern«; vgl. auch *Ilias* 1,599).

51,2 f. *Schnitzlers Erzählung »Die Weissagung«:* 1905 in der Tageszeitung *Neue Freie Presse* erschienene Erzählung von Arthur Schnitzler (1862–1931), dessen Werke Freud sehr schätzte. Der Inhalt: Franz von Umprecht bekam von einem Wahrsager vor zehn Jahren eine Szene aus der Zukunft gezeigt: Er liegt tot auf einer Bahre, um ihn herum Trauernde. Um die Prophezeiung gleichzeitig zu erfüllen und dennoch zu unterlaufen, spielt er in einem Theaterstück mit, das genau diese Schlussszene abbildet – und stirbt tatsächlich. – Vor Schnitzler empfand Freud seine berühmte »Doppelgängerscheu«, so im Brief an Schnitzler vom 2. Mai 1922: »Ich meine, ich habe Sie gemieden aus einer Art von Doppelgängerscheu.« (Freud 1955, S. 97; Freud 1980, S. 357; s. den vollständigen Abdruck im Nachwort S. 94–96; s. a. Wertheimer 2007).

51,19 *resistenter:* widerstandsfähiger.

52,28 f. *Nestroyschen Posse »Der Zerrissene«:* In der 1844 uraufgeführten Posse mit Gesang in drei Akten von Johann Nestroy (1801–1862) nimmt sich der reiche Herr Lips vor, die erste Frau zu heiraten, der er begegnet. Gluthammer denkt fälschlich, Lips habe seine Verlobte in der Gewalt, ringt mit ihm und stürzt mit ihm von einem Balkon herunter. Gluthammer hält sich von nun an für Lips' Mörder. Doch auch Herr Lips hat überlebt. Beide verstecken sich auf dem Hof des Bauern Krautkopf und begegnen einander: Jeder hält den anderen für ein Gespenst. Erst Krautkopf löst die Situation und führt alles zu einem glücklichen Ende.

53,6 f. *O. Wildes Erzählung »Der Geist von Canterville«:* In Oscar Wildes (1854–1900) oft verfilmter Erzählung *The Canterville Ghost* glaubt anfangs kein Mitglied der US-amerikanischen Familie Otis, die in dem englischen Schloss eingezogen ist, an Gespenster. Der Geist von Sir Simon versucht zwar, alle zu erschrecken, doch gelingt ihm dies nicht. Doch dann hört die Tochter Virgina Sir Simon zu, als er seine Lebensgeschichte erzählt: Sie betet für ihn, weint für ihn und bittet ihn vom Todesengel frei – und Sir Simon kann endlich Ruhe finden.

53,20 *an anderer Stelle:* Gemeint ist hier nicht zuletzt Freuds eigenes Buch *Analyse der Phobie eines fünfjährigen Knaben* aus dem Jahr 1909, die erste psychoanalytische Fallstudie eines Kindes; berühmt geworden ist Freuds kindlicher Patient unter dem Namen »der kleine Hans«.

Literaturhinweise

Ausgaben: Das Unheimliche

Imago. Zeitschrift für Anwendung der Psychoanalyse auf die Geisteswissenschaften (1919) Nr. 5/6. S. 297–324.

Sammlung kleiner Schriften zur Neurosenlehre. V. Folge. Leipzig/Wien/Zürich: Internationaler Psychoanalytischer Verlag, 1922. S. 229–273.

Gesammelte Schriften. Bd. X. Leipzig/Wien/Zürich: Internationaler Psychoanalytischer Verlag, 1924. S. 369–408.

Psychoanalytische Studien an Werken der Dichtung und Kunst. Leipzig/Wien/Zürich: Internationaler Psychoanalytischer Verlag, 1924. S. 99–138.

Gesammelte Werke. Bd. XII. London: Imago Publishing, 1947. S. 227–268.

Studienausgabe. Bd. IV: Psychologische Schriften. Hrsg. von Alexander Mitscherlich / Angela Richards / James Strachey. Frankfurt a. M. 1982. S. 241–274

Gesammelte Werke in 18 Bänden. Mit einem Nachtragsband. Bd. 12: Werke aus den Jahren 1917–1920. Frankfurt a. M. 1947. [7]2005. S. 229–268.

Weitere Werke Sigmund Freuds

Briefe 1873–1939. Ausgew. und hrsg. von Ernst und Lucie Freud. Frankfurt a. M. 1980.

Briefe an Arthur Schnitzler. In: Die Neue Rundschau 66 (1955) S. 95–106.

Briefe an Wilhelm Fließ 1887–1904. Ungek. Ausg. Hrsg. von Jeffrey Moussaifell Masson. Deutsche Fassung von Michael Schröter. Frankfurt a. M. 1999.

Das Unbewusste. Hrsg. von Lothar Bayer / Hans-Martin Lohmann. Stuttgart 2018.

»Der Dichter und das Phantasieren«. Schriften zur Kunst und Kultur. Hrsg. von Oliver Jahraus. Stuttgart 2010. [Darin enthalten: Der Wahn und die Träume in W. Jensens ›Gradiva‹, Der Dichter und das Phantasieren, Die Familienromane der Neurotiker, Über den Gegensinn der Urworte, Das Motiv der Kästchenwahl, Der Moses des Michelangelo, Eine Kindheitserinnerung aus ›Dichtung und Wahrheit‹, Das Unheimliche, Notiz über den ›Wunderblock‹, Die Verneinung, Dostojewski und die Vatertötung.]

Der Mann Moses und die monotheistische Religion. Hrsg. von Jan Assmann. Stuttgart 2010.

Eine Schwierigkeit der Psychoanalyse. In: S. F.: Gesammelte Werke in 18 Bänden. Mit einem Nachtragsband. Bd. 12: Werke aus den Jahren 1917–1920. Frankfurt a. M. 1947. [7]2005. S. 3–12.

Freud, Sigmund / Carl Gustav Jung: Briefwechsel. Hrsg. von William McGuire / Wolfgang Sauerländer. Frankfurt a. M. 1974.

Jenseits des Lustprinzips. Hrsg. von Lothar Bayer / Hans-Martin Lohmann. Stuttgart 2013.

Totem und Tabu. Hrsg. von Hans-Martin Lohmann / Lothar Bayer. Stuttgart 2016.

Weiterführende Literatur

Adorno, Ästhetische Theorie. Frankfurt a. M. 1970.

Alt, Peter-André: Sigmund Freud. Der Arzt der Moderne. Eine Biographie. München 2016.

– / Thomas Anz (Hrsg.): Sigmund Freud und das Wissen der Literatur. Berlin / New York 2008.

Altenhofer, Norbert: Sigmund Freud. Lektüre zwischen Sinndeutung und Funktionsanalyse. In: Ulrich Nassen (Hrsg.): Klassiker der Hermeneutik. Paderborn [u. a.] 1982. S. 207–240.

Anz, Thomas (Hrsg.): Psychoanalyse in der modernen Literatur. Kooperation und Konkurrenz. Würzburg 1999.

– Literatur: In: Lohmann/Pfeiffer 2006. S. 319–328.

– Nachwort. In: Alt/Anz 2008. S. 193–198.

Assmann, Jan: Nachwort. In: Sigmund Freud: Der Mann Moses und

die monotheistische Religion. Hrsg. von J.A. Stuttgart 2010. S. 175–216.
Bartels, Martin: Selbstbewußtsein und Unbewußtes. Studien zu Freud und Heidegger. Berlin / New York 1976.
Baudry, Jean-Louis: Freud und das ›dichterische Schaffen‹. In: J.-L. B. / Jean-Joseph Goux / Marcelin Pleynet / Jean-Louis Houdebine / Julia Kristeva / Philipps Sollers (Hrsg.): Tel Quel. Die Demaskierung der bürgerlichen Kulturideologie. Marxismus, Psychoanalyse, Strukturalismus. München 1971. S. 59–85.
Begemann, Christian: Gespenster/Gespenstisches/Wiedergänger. In: Lubkoll/Neumeyer 2015. S. 267–273.
Berg, Henk de: Freuds Psychoanalyse in der Literatur- und Kulturwissenschaft. Tübingen/Basel 2005.
Berndt, Frauke / Eckart Goebel (Hrsg.): Handbuch Literatur & Psychoanalyse. Berlin 2017.
Birus, Hendrik: Psychoanalyse literarischer Werke? Alternativen der Freudschen Literaturinterpretation. In: Albrecht Schöne (Hrsg.): Kontroversen, alte und neue. Akten des VII. Kongresses der Internationalen Vereinigung für germanische Sprach- und Literaturwissenschaft. Bd. 6: Frauensprache – Frauenliteratur? Für und Wider einer Psychoanalyse literarischer Werke. Hrsg. von Inge Stephan / Carl Pietzcker. Tübingen: Niemeyer 1986. S. 137–146.
Brentzel, Marianne: Sigmund Freuds Anna O. Das Leben der Bertha Pappenheim. Leipzig 2004.
Brückner, Peter: Sigmund Freuds Privatlektüre. Köln 1975.
Cixous, Hélène: La fiction et ses fantômes. Une lecture de l'Unheimliche de Freud. In: Poétique III (1972) S. 199–216. Dt.: Die Fiktion und ihre Geister. Eine Lektüre von Freuds *Das Unheimliche*. In: Herding/Gehrig 2006. S. 37–59.
Cremerius, Johannes (Hrsg.): Psychoanalytische Textinterpretation. Hamburg 1974.
Derrida, Jacques: Grammatologie [1967]. Frankfurt a. M. 1974.
– Freud und der Schauplatz der Schrift. In: J. D.: Die Schrift und die Differenz. Frankfurt a. M. 1972. S. 302–350.
– Vergessen wir nicht – die Psychoanalyse! Hrsg. von Hans-Dieter Gondek. Frankfurt a. M. 1998.

Dierks, Manfred: Das Unheimliche (1919). In: Lohmann/Pfeiffer 2006. S. 204–207.

– Der Wahn und die Träume in W. Jensens ›Gradiva‹ (1907). In: Lohmann/Pfeiffer 2006. S. 193–195.

Eco, Umberto / Thomas A. Sebeok (Hrsg.): Der Zirkel oder Im Zeichen der Drei (Dupin, Holmes, Peirce). München 1985.

Felman, Shosana (Hrsg.): Literature and Psychoanalysis. The Question of Reading: otherwise. Baltimore/London 1982.

– Turning the Screw of Interpretation. In: Felman 1982. S. 94–207.

Fischer, Jens Malte (Hrsg.): Psychoanalytische Literaturinterpretation. Aufsätze aus Imago, Zeitschrift für Anwendung der Psychoanalyse auf die Geisteswissenschaften (1912–1937). München 1980.

– Zur Frühgeschichte psychoanalytischer Literaturinterpretation. In: Fischer 1980. S. 1–32.

Fisher, Mark: The Weird and the Eerie. London 2016.

Frank, Manfred: Das individuelle Allgemeine. Textstrukturierung und Textinterpretation nach Schleiermacher. Frankfurt a. M. 1985.

Fricke, Hannes: »ich war [...] von Coppelius gemisshandelt worden«. Literaturpsychologische Zugangsweisen am Beispiel von Psychoanalyse und Traumatheorie. In: Oliver Jahraus (Hrsg.): Zugänge zur Literaturtheorie. 17 Modellanalysen zu E. T. A. Hoffmanns *Der Sandmann*. Stuttgart 2016. S. 177–196.

Gallas, Helga: Das Textbegehren des Michael Kohlhaas. Die Sprache des Unbewußten und der Sinn der Literatur. Reinbek b. Hamburg 1981.

Gay, Peter: Freud. Eine Biographie für unsere Zeit [1989]. Frankfurt a. M. 2006.

– Freud entziffern. Essays. Frankfurt a. M. 1992.

Geisenhanslüke, Achim: Freud aus Frankreich: Psychoanalyse und Postmoderne. In: Kodikas, Code – Ars semeiotica 23 (2000) S. 275–286.

– Das Schibboleth der Psychoanalyse. Freuds Passagen der Schrift. Bielefeld 2008.

– Von einem, der auszog, das Fürchten zu lernen. Freuds Poetik des Unheimlichen. In: literaturkritik.de (2016) Nr. 3. Schwerpunkt II: Das Unheimliche. Online: https://literaturkritik.de/public/rezension.php?rez_id=21719&ausgabe=201603

Goebel, Eckart: Literatur & Psychoanalyse: Historisch-systematische Einleitung. In: Berndt/Goebel 2017. S. 3–42.
Gödde, Günter: Hysterie-Studien. In: Lohmann/Pfeiffer 2006. S. 84–93.
Goethe, Johann Wolfgang: Faust. Der Tragödie Erster Teil. Stuttgart 1986 [u. ö.].
Grubrich-Simitis, Ilse: Freuds Moses-Studie als Tagtraum. Ein biographischer Essay [1991]. Frankfurt a. M. 2009.
Günter, Michael / Peter Schraivogel (Hrsg.): Sigmund Freud. Die Aktualität des Unbewussten. Tübingen 2007.
Gutjahr, Ortrud: Literatur – Film: Doppelgänger. In: Berndt/Goebel 2017. S. 511–530.
Haselstein, Ulla: Entziffernde Hermeneutik. Zum Begriff der Lektüre in der psychoanalytischen Theorie des Unbewussten. München 1991.
Heidegger, Martin: Sein und Zeit [1927]. Tübingen [15]1984.
Herding, Klaus / Gerlinde Gehrig (Hrsg.): Orte des Unheimlichen. Die Faszination verborgenen Grauens in Literatur und bildender Kunst. Göttingen 2006.
Hiebel, Hans H.: Strukturale Psychoanalyse und Literatur (Jacques Lacan). In: Klaus-Michael Bogdal (Hrsg.): Neue Literaturtheorien. Eine Einführung. Opladen 1990. S. 56–81.
Hörisch, Jochen (Hrsg.): Eingebildete Texte. Affairen zwischen Psychoanalyse und Literaturwissenschaft. München 1985.
– Wissen die Literatur und die Psychoanalyse dasselbe, wenn sie sich aufeinander berufen? In: Alt/Anz 2008. S. 17–30.
Hoffmann, E. T. A.: Der Sandmann. In: Nachtstücke. Hrsg. von Gerhard R. Kaiser. Stuttgart 1990. S. 7–45.
– Der Sandmann. Studienausgabe. Paralleldruck der Handschrift und des Erstdrucks (1817). Hrsg. von Ulrich Hohoff. Stuttgart 2019.
– Die Elixiere des Teufels. Nachgelassene Papiere des Bruders Medardus eines Kapuziners. Hrsg. von Wolfgang Nehring. Stuttgart 1975 [u. ö.].
Israëls, Han: Der Fall Freud. Die Geburt der Psychoanalyse aus der Lüge. Hamburg 1999.
Jakobson, Roman: Zwei Seiten der Sprache und zwei Typen aphasi-

scher Störungen. In: R. J.: Aufsätze zur Linguistik und Poetik. Hrsg. von Wolfgang Raible. Frankfurt a. M. / Berlin 1979. S. 117–141.
– Linguistik und Poetik. In: R. J.: Poetik. Ausgewählte Aufsätze 1921–1971. Hrsg. von Elmar Holenstein / Tarcisius Schelbert. Frankfurt a. M. 1989. S. 83–121.
– Der Doppelcharakter der Sprache und die Polarität zwischen Metaphorik und Metonymik. In: Anselm Haverkamp (Hrsg.): Theorie der Metapher. Darmstadt 1996. S. 163–174.
Jentsch, Ernst: Zur Psychologie des Unheimlichen. In: Psychiatrisch-neurologische Wochenschrift. [Halle.] Nr. 22: 25. August 1906. S. 195–198; Nr. 23: 1. September 1906. S. 203–205.
Jones, Ernest: Das Problem des Hamlet und der Ödipus-Komplex. In: Wolff 1975. S. 13–49.
– Sigmund Freud. Leben und Werk. 3 Bde. Bern 1962. Neuaufl. München 1984.
Kammer, Stephan: Semiotik. In: Berndt/Goebel 2017. S. 45–58.
Kittler, Friedrich: »Das Phantom unseres Ichs« und die Literaturpsychologie. E. T. A. Hoffmann – Freud – Lacan. In: F. K. / Horst Turk: Urszenen. Literaturwissenschaft als Diskursanalyse und Diskurskritik. Frankfurt a. M. 1977. S. 139–166.
Koppenfels, Martin von: Rhetorik und Poetik. In: Berndt/Goebel 2017. S. 59–76.
Kremer, Detlef: Freuds Aufsatz *Das Unheimliche* und die Widerstände des unverständlichen Textes. In: Alt/Anz 2008. S. 59–72.
Kurz, Gerhard: Wie Freud interpretiert. Hermeneutische Prinzipien in *Der Wahn und die Träume in W. Jensens ›Gradiva‹*. In: Alt/Anz 2008. S. 31–44.
Kyora, Sabine: Unheimliche Doubles. Freuds Analyse des Unheimlichen und die Unheimlichkeit der Vampirinnen. In: Alt/Anz 2008. S. 87–98.
Lacan, Jacques: Das Drängen des Buchstabens im Unbewußten oder die Vernunft seit Freud. In: J. L.: Schriften II. Weinheim/Berlin [3]1991. S. 15–55.
Lang, Hermann: Die Sprache und das Unbewußte. Jacques Lacans Grundlegung der Psychoanalyse. Frankfurt a. M. 1986.

Laplanche, Jean / Jean-Bertrand Pontalis: Das Vokabular der Psychoanalyse. Frankfurt a. M. [17]2004.
Lindner, Burkhart: Freud liest den Sandmann. In: Herding/Gehrig 2006. S. 17–36.
Lohmann, Hans-Martin: Sigmund Freud zur Einführung. Hamburg [5]2002.
– / Joachim Pfeiffer (Hrsg.): Freud-Handbuch. Leben – Werk – Wirkung. Stuttgart/Weimar 2006.
Lorenzer, Alfred: Tiefenhermeneutische Kulturanalyse. In: A. L. (Hrsg.): Kultur-Analysen. Psychoanalytische Studien zur Kultur. Frankfurt a. M. 1986. S. 11–98.
Lubkoll, Christine / Harald Neumeyer (Hrsg.): E. T. A. Hoffmann-Handbuch. Stuttgart/Weimar 2015.
Lüdemann, Susanne: Mythos und Selbstdarstellung. Zur Poetik der Psychoanalyse. Freiburg i. Br. 1994.
Marcuse, Ludwig: Die deutsche Literatur im Werke Freuds. In: German Quarterly 29 (März 1956) Nr. 2. S. 85–96.
Marinelli, Lydia / Andreas Mayer (Hrsg.): Die Lesbarkeit der Träume. Frankfurt a. M. 2000.
Matt, Peter von: Literaturwissenschaft und Psychoanalyse. Stuttgart 2001. [Vollst. überarb. Fassung der Erstveröffentl. der Vortragsreihe von 1972, ergänzt um das Kapitel: »Der neue Blick« über den Einfluss und die Nachwirkungen Freuds auf die Literatur im 20. Jahrhundert.]
Müller-Funk, Wolfgang: Kulturtheorie. Einführung in Schlüsseltexte der Kulturwissenschaften. Tübingen/Basel 2006.
Muschg, Walter: Psychoanalyse und Literaturwissenschaft. Antrittsvorlesung gehalten an der Universität Zürich. Berlin 1930. Nachdr. in Urban 1973/2017. S. 156–177.
Neubauer-Petzoldt, Ruth: Ästhetik des Schreckens / Das Unheimliche. In: Lubkoll/Neumeyer 2015. S. 351–355.
Nunberg, Hermann / Ernst Federn (Hrsg.): Protokolle der Wiener Psychoanalytischen Vereinigung. Bd. 1. Frankfurt a. M. 1976.
Onfray, Michel: Anti Freud: Die Psychoanalyse wird entzaubert. München 2011. Fr. Le crépuscule d'une idole. L'affabulation freudienne. paris 2010 .

Pfeiffer, Joachim: Literaturwissenschaft. In: Lohmann/Pfeiffer 2006. S. 329–347.
Pietzcker, Carl: Zum Verhältnis von Traum und literarischem Kunstwerk. In: Cremerius 1974. S. 57–69.
– Einführung in die Psychoanalyse des literarischen Kunstwerks am Beispiel von Jean Pauls ›Rede des toten Christus‹. Würzburg 1985.
– Lesend interpretieren. Zur psychoanalytischen Deutung literarischer Texte. Würzburg 1992.
– Der Dichter und das Phantasieren. In: Lohmann/Pfeiffer 2006. S. 195–197.
– Psychoanalytische Studien zur Literatur. Würzburg 2010.
Reve, Karel van het: Dr. Freud und Sherlock Holmes. In: K. v. h. R.: Dr. Freud und Sherlock Holmes. Frankfurt a. M. 1994.
Rey, Jean-Michel: Freud's Writing on Writing. In: Felman 1982. S. 301–328.
Ricœur, Paul: Die Interpretation. Ein Versuch über Freud. Frankfurt a. M. 1974. [4]1993. Fr.: De l'interpretation. Paris 1965.
Robert, Marthe: Sigmund Freud – zwischen Moses und Ödipus. Die jüdischen Wurzeln der Psychoanalyse. Frankfurt a. M. / Berlin / Wien 1977.
– Die Revolution der Psychoanalyse. Frankfurt a. M. 1986.
Rohrwasser, Michael: Freuds Lektüren. Von Arthur Conan Doyle bis zu Arthur Schnitzler. Gießen 2005.
Roudinescu, Elisabeth / Michel Plon: Wörterbuch der Psychoanalyse. Namen, Länder, Werke, Begriffe. Bd. 1. Wien 2004.
Rutschky, Michael: Lektüre der Seele. Eine historische Studie über die Psychoanalyse der Literatur. Frankfurt a. M. 1981.
Schönau, Walter: Einführung in die psychoanalytische Literaturwissenschaft. Stuttgart 1991.
Schur, Max: Sigmund Freud. Leben und Sterben. Frankfurt a. M. 1973.
Shakespeare, William: Hamlet. Engl./Dt. Hrsg., übers. und komm. von Holger M. Klein. Bd. 1. Stuttgart 1984.
Shepard, Michael: Sherlock Holmes und der Fall Sigmund Freud. Rheda-Wiedenbrück 1986.
Starobinski, Jean: Psychoanalyse und Literatur. Frankfurt a. M. 1973.

Stekel, Wilhelm: [Traum – Poesie – Neurose] (1909). In: Urban 1973. S. 1–10.
Straub, Jürgen / Wilhelm Kempf / Hans Werbik (Hrsg.): Psychologie. Eine Einführung. Grundlagen, Methoden, Perspektiven. München 1997.
– / Alexander Kochinka / Hans Werbik (Hrsg.): Psychologie in der Praxis. Anwendungs- und Berufsfelder einer modernen Wissenschaft. München 2000.
Sturm, Martin / Georg Christoph Tholen / Rainer Zendron (Hrsg.): Phantasma und Phantome: Gestalten des Unheimlichen in Kunst und Psychoanalyse. Linz/Salzburg 1995.
Theweleit, Klaus: Sigmund Freud (1856–1939). Wege zur Traumdeutung. In: Martin Ludwig Hofmann / Tobias F. Korta / Sibylle Niekisch (Hrsg.): Culture Club. Klassiker der Kulturtheorie. Frankfurt a. M. 2004. S. 10–30.
Trilich, Lionel: Freud and Literature [1950]. In: L. T.: The Liberal Imagination. Essays on Literature and Society. London 1951. Neuaufl. 2008. S. 34–57.
Urban, Bernd (Hrsg.): Psychoanalyse und Literaturwissenschaft. Texte zur Geschichte ihrer Beziehungen. Tübingen 1973. Neuaufl. Berlin 2017.
– Über Schwierigkeiten im Umgang mit Psychoanalyse und Literatur. In: Urban 1973. S. VII–XLVI.
Vine, Steve: Literature in Psychoanalytics. A Reader. Hamsphire / New York 2005.
Weber, Samuel: Rückkehr zu Freud. Jacques Lacans Ent-Stellung der Psychoanalyse. Wien ²2000.
– Freud-Legende. Vier Studien zum psychoanalytischen Denken. Wien 2002.
Wegener, Mai: Fälle, Ausfälle, Sündenfälle. Zu den Krankengeschichten Freuds. In: Susanne Düwell / Nicolas Pethes (Hrsg.): Fall – Fallgeschichte – Fallstudie. Theorie und Geschichte einer Wissensform. Frankfurt a. M. / New York 2014. S. 169–193.
Wertheimer, Jürgen: Freuds Doppelgänger. In: Günter/Schraivogel 2007. S. 131–148.
Widmaier-Haag, Susanne: Es war das Lächeln des Narziß. Die Theo-

rien der Psychoanalyse im Spiegel der literaturpsychologischen Interpretation des ›Tod in Venedig‹. Würzburg 1999.

Wolff, Reinhold (Hrsg.): Psychoanalytische Literaturkritik. München 1975.

– Versuch einer Systematik. In: Wolff 1975. S. 414–453.

Worbs, Michael: Nervenkunst. Literatur und Psychoanalyse im Wien der Jahrhundertwende. Frankfurt a. M. 1989.

Wortmann, Thomas: Literatur der Romantik. In: Berndt/Goebel 2017. S. 495–510.

Zeul, Mechthild: Film- und Kinotheorie. In: Lohmann/Pfeiffer 2006. S. 402–411.

Zintzen, Christiane: Sigmund Freud. Polymorphes Begehren – Seelische und andere Altertümer. In: Römische Historische Mitteilungen 42 (2000) S. 461–471.

Nachwort: Literatur und Psychoanalyse

Freuds berühmter Aufsatz zum *Unheimlichen* beginnt mit dem Satz:

> Der Psychoanalytiker verspürt nur selten den Antrieb zu ästhetischen Untersuchungen, auch dann nicht, wenn man die Ästhetik nicht auf die Lehre vom Schönen einengt, sondern sie als Lehre von den Qualitäten unseres Fühlens beschreibt. (S. 5.)

Wenn wir den »Psychoanalytiker«, von dem hier die Rede ist, mit Freud selbst und die »ästhetischen Untersuchungen« mit seiner Auseinandersetzung mit Kunstwerken und insbesondere mit Literatur gleichsetzen, dann ist dieser Satz nur bedingt richtig. Freud hat in dem Aufsatz über *Die Verneinung* (1925) eine bestimmte Herrschaftsgeste des Psychoanalytikers gegenüber seinem Patienten beschrieben, das mit Nachdruck Verneinte als das eigentlich deutlich eine Bejahung oder Annahme Fordernde herauszustellen: »›Sie fragen, wer diese Person im Traume sein kann. Die Mutter ist es nicht.‹ Wir berichtigen: Also ist es die Mutter.«[1] Dieselbe Geste ließe sich auch gegenüber diesem ersten Satz anwenden:[2] »Selten«. Wir berichtigen: oft –

1 *Die Verneinung*, in: *»Der Dichter und das Phantasieren«. Schriften zur Kunst und Kultur*, S. 234–238, hier S. 234.

2 Robert 1977, S. 142, zu einem weiteren Beispiel, hier aus seiner Auseinandersetzung mit Moses im Buch *Der Mann Moses und die monotheistische Religion*: »Er, der so meisterhaft die Bedeutung der Verneinung in der Grammatik des Neurotikers dargelegt hat, verneint hier etwas mit solcher Hartnäckigkeit, daß man sich berech-

und intensiv und durchaus bedeutsam für die Psychoanalyse! Und das nicht zuletzt deshalb, weil gerade die Literatur in ihrer sprachlichen Verfasstheit selbst wiederum ein Feld aufspannt, auf dem sich solche Verneinungen von Verneinungen nachverfolgen lassen (dazu später mehr).

Angemessen mag dieser Satz bestenfalls in Hinblick auf Freuds spezielle Arbeitssituation in der Zeit der Niederschrift (und zuvor) gewesen sein, aufgeteilt zwischen seiner psychoanalytischen Praxis, der Arbeit für die institutionelle Organisation der internationalen Verbreitung der Psychoanalyse, anderen Forschungsarbeiten und seinen schriftstellerischen Tätigkeiten.

Und doch verrät dieser erste Satz schon einiges über die Argumentation und Argumentationsweise des Aufsatzes. Es geht um ein Phänomen, das man, wie der Aufsatz dann selbst in seinem Verlauf deutlich werden lässt, auch unabhängig von seiner ästhetisch induzierten Inszenierung z. B. in der Literatur, als Gefühlsqualität charakterisieren kann. Doch wird fern dieser Gefühlsqualität von vornherein die Beschäftigung mit dem Unheimlichen als ästhetische Untersuchung ausgegeben – wenn auch nicht im Kerngebiet einer auch zu Freuds Zeit traditionell verstandenen Ästhetik.

Heute liest man diesen Aufsatz in einer Reihe und im Kontext von Freuds Beschäftigungen mit Literatur und namhaften oder auch weniger namhaften Autoren. Im Aufsatz zum Unheimlichen liefert er eine psychoanalyti-

tigt fühlt, seine eigene Deutung gegen ihn selbst auszuspielen. Je mehr er bestreitet, daß die These vom Ägypter Moses die Hauptquelle seiner Schwierigkeiten ist, desto mehr bestärkt er in der Vermutung, daß gerade hier das dornenvolle Problem verborgen liegt, das ihn nicht zur Ruhe kommen lässt.«

IMAGO

ZEITSCHRIFT FÜR ANWENDUNG DER PSYCHO-ANALYSE AUF DIE GEISTESWISSENSCHAFTEN

HERAUSGEGEBEN VON PROF. DR. SIGM. FREUD

SCHRIFTLEITUNG:

V. 5/6. DR. OTTO RANK / DR. HANNS SACHS 1919

Das Unheimliche.

Von SIGM. FREUD.

I.

Der Psychoanalytiker verspürt nur selten den Antrieb zu ästhetischen Untersuchungen, auch dann nicht, wenn man die Ästhetik nicht auf die Lehre vom Schönen einengt, sondern sie als Lehre von den Qualitäten unseres Fühlens beschreibt. Er arbeitet in anderen Schichten des Seelenlebens und hat mit den zielgehemmten, gedämpften, von so vielen begleitenden Konstellationen abhängigen Gefühlsregungen, die zumeist der Stoff der Ästhetik sind, wenig zu tun. Hie und da trifft es sich doch, daß er sich für ein bestimmtes Gebiet der Ästhetik interessieren muß, und dann ist dies gewöhnlich ein abseits liegendes, von der ästhetischen Fachliteratur vernachlässigtes.

Ein solches ist das »Unheimliche«. Kein Zweifel, daß es zum Schreckhaften, Angst- und Grauenerregenden gehört, und ebenso sicher ist es, daß dies Wort nicht immer in einem scharf zu bestimmenden Sinne gebraucht wird, so daß es eben meist mit dem Angsterregenden überhaupt zusammenfällt. Aber man darf doch erwarten, daß ein besonderer Kern vorhanden ist, der die Verwendung eines besonderen Begriffswortes rechtfertigt. Man möchte wissen, was dieser gemeinsame Kern ist, der etwa gestattet, innerhalb des Ängstlichen ein »Unheimliches« zu unterscheiden.

Darüber findet man nun so viel wie nichts in den ausführlichen Darstellungen der Ästhetik, die sich überhaupt lieber mit den schönen, großartigen, anziehenden, also mit den positiven Gefühlsarten, ihren Bedingungen und den Gegenständen, die sie hervorrufen, als mit den gegensätzlichen, abstoßenden, peinlichen beschäftigen. Von seiten der ärztlich-psychologischen Literatur kenne ich nur die eine, inhaltsreiche aber nicht erschöpfende, Abhandlung von E. Jentsch (Zur

Cover der Zeitschrift *Imago*, in der Freuds Aufsatz erstmals veröffentlicht wurde.

sche Literaturinterpretation am Beispiel eines berühmten Textes der deutschen Romantik, an E. T. A. Hoffmanns Novelle *Der Sandmann* (1816/17). Darüber hinaus scheint dieser erste Satz nahezulegen, ein solches Unterfangen sei ein Nebenschauplatz der psychoanalytischen Entwicklung, und gerade so wirft er die Frage nach dem Stellenwert des Aufsatzes, nach seiner Position sowohl in der historischen Entwicklung wie in der systematischen Entfaltung der Psychoanalyse auf. Das Wörtchen »selten« scheint deutlich zu machen, dass auch eine psychoanalytische Literaturinterpretation nicht zum »Mutterland«[3] der Psychoanalyse gehört. Freud selbst hatte beispielsweise C. G. Jung (1875–1961) gegenüber den Bereich der Neurosen auf diese Weise als »Mutterland« der Psychoanalyse charakterisiert. Die ästhetische Untersuchung soll also nicht dazugehören? Es verhält sich genau umgekehrt. Gerade oder sogar nur in der Auseinandersetzung mit Literatur kann sich die Psychoanalyse als ernsthafte theoretische Option entwickeln; nur wo sie Literatur analysiert, kann sie ernsthaft Psycho-Analyse sein.

Das Verhältnis zwischen Literatur und Psychoanalyse

Allein schon der Publikationsort steht in einem Widerspruch zu dieser Suggestion eines Nebenschauplatzes fernab vom »Mutterland«. Der Aufsatz erschien zuerst im Jahr 1919 in der Zeitschrift *Imago*, die im Jahr 1912 von Otto Rank und Hanns Sachs gegründet und von diesen zusammen mit Sig-

3 Gay 2006, S. 352, 354.

mund Freud bis 1937 herausgegeben wurde. Schon zwei Jahre zuvor, am 5. Juli 1910, drückte Freud in einem Brief an C. G. Jung seine »Überzeugung von dem kulturellen Welt [sic! recte: Wert] der ΨA«[4] aus. Und bereits 1907 war in der Mittwoch-Gesellschaft die Forderung nach der »Enträtselung der Geheimnisse des dichterischen Schaffens« (so Max Graf)[5] aufgekommen. *Imago* wurde dann zu einer Zeitschrift, wie es ihr Untertitel ausdrückt, und somit zu *dem* Publikationsorgan für die »Anwendung der Psychoanalyse auf die Geisteswissenschaften«.[6] Und damit waren nicht nur die Geisteswissenschaften im engeren Sinn, sondern eben auch alle Gegenstände, Fragen und Interessensgebiete gemeint, deren sich die Geisteswissenschaften ihrerseits angenommen haben oder hätten annehmen können. Somit ist insbesondere auch die Literatur gemeint.

Das hatte wiederum durchaus strategische Implikationen. Ein solches Organ signalisierte eben nicht nur, dass sich die Psychoanalyse auch um Literatur, Kunst und Geisteswissenschaftliches kümmere, sondern gerade umgekehrt: Indem die Psychoanalyse auch dort ihre Zuständigkeit, ihre konzeptionelle Reichweite und ihre wissenschaftliche Ergiebigkeit zeigt, kann sie sich als Universaltheorie profilieren, mit der jeder Lebensbereich und jedes Phänomen neu betrachtet werden kann. Es soll deutlich werden, dass gerade die Auseinandersetzung mit Sprache und Literatur (und später auch Kultur) von einem randständigen Anwendungsbereich hineinführt in den Kern, der die Psychoanalyse überhaupt

4 Freud/Jung 1974, S. 375.

5 Nunberg/Federn 1976, S. 249.

6 Gay 2006, S. 353; Pfeiffer 2006, S. 331; Fischer 1980.

erst ausmacht. Oder anders gewendet, um Freuds berühmte Formulierung über den Traum abzuwandeln: Die Literatur ist die *via regia* zur Psychoanalyse. Freuds Aufsatz jedenfalls, der sich mit Literatur beschäftigt, hatte also den richtigen und ohnehin für solche Aufsätze eingerichteten Publikationsort gewählt.

Zudem stand die Zeitschrift *Imago* auch über ihren Verleger Hugo Heller Freuds Auseinandersetzung mit Literatur nahe. Heller war in Wien Buchhändler und Verleger. Andere Schriften von Freud waren schon in dessen Verlag erschienen, denn Heller selbst war nachdrücklich interessiert an der Psychoanalyse und gehörte auch den institutionellen Vereinigungen ab 1902 an.[7] Im Jahre 1906 lancierte Heller eine Umfrage an prominente Zeitgenossen, zu denen für ihn selbstverständlich auch Freud gehörte. Sie wurden aufgefordert, »zehn gute Bücher« zu nennen, eine Umfrage, auf die Freud eingehend antwortete.[8] Heller führte außerdem auch einen Salon, in dem Freud nur ein Jahr später, am 6. Dezember 1907, vor ungefähr 90 Zuhörern einen Vortrag hielt, in dem es auch um das Verhältnis von Psychoanalyse und Literatur ging und der 1908 unter dem Titel *Der Dichter und das Phantasieren* veröffentlicht wurde.[9]

7 Gay 1992, S. 110 f.

8 Jones 1984, S. 489; Gay 1992, S. 110–141. Die zehn von Freud genannten Werke sind: »Multatuli: *Briefe und Werke* / Kipling: *Jungle Book* / Anatole France: *Sur la pierre blanche* / Zola: *Fécondité* / Mereschkowsky: *Leonardo da Vinci* / G. Keller: *Leute von Seldwyla* / C. F. Meyer: *Huttens letzte Tage* / Macaulay: *Essays* / Gomperz: *Griechische Denker* / Mark Twain: *Sketches*«.

9 Rohrwasser 2005, S. 218.

Und nicht nur im Hinblick auf Verlage und Institutionen besteht eine engere Verbindung zwischen Literatur und Psychoanalyse, als es das Wörtchen »selten« nahezulegen versucht. Freud hatte sich *nicht* selten, sondern geradezu oft und durchgängig mit Literatur befasst: Seine »privaten« sowie seine »öffentlichen« (das heißt: für die psychoanalytische Theoriebildung verwerteten) Lektüren sind mittlerweile gut aufgearbeitet.[10] Wo er Lektüreerfahrungen verarbeitete, geschah es immer unter einer psychoanalytischen Perspektive. Literatur war für die Psychoanalyse Freuds unverzichtbar, wie Rey vorsichtig formuliert, es sei nicht zu leugnen, dass Literatur eine ziemlich privilegierte Stellung in der Psychoanalyse einnehme«[11].

In dem Aufsatz *Der Dichter und das Phantasieren* geht es um die Frage, woher der Dichter seine Stoffe nehme. Dies kann als grundsätzliche Frage nach dem verstanden werden, was den Dichter aus psychoanalytischer Sicht eigentlich zum Dichter mache. In dieser Reihe wären auch andere, berühmte Aufsätze Freuds zu nennen, die sich direkt mit Literatur bzw. Kunst und ihren Autoren – Goethe, Michelangelo, Shakespeare – beschäftigen: 1917 erschien *Eine Kindheitserinnerung aus ›Dichtung und Wahrheit‹*, 1914 die große Studie zur Moses-Statue, *Der Moses des Michelangelo*, und 1913 *Das Motiv der Kästchenwahl*, ein Text, in dem es um Shakespeares *Kaufmann von Venedig* und um *König Lear* geht. 1907 (eine ergänzte Auflage erschien 1912) hatte Freud eine umfangreiche Studie herausgebracht, die eine

10 Brückner 1975, Rutschky 1981, Rohrwasser 2005, S. 12.

11 Rey 1982, S. 301: »it is undeniable that ›literature‹ occupies a relatively priviledged place in psychoanalytic theory«.

genuine psychoanalytische Literaturinterpretation darstellt: *Der Wahn und die Träume in W. Jensens ›Gradiva‹*.

Auch dort, wie im Aufsatz zum *Unheimlichen*, spricht der erste Satz von einer wissenschaftlichen Grenzüberschreitung: »In einem Kreise von Männern« sollte die Freud'sche Methode der Traumdeutung auf Träume angewandt werden, »die überhaupt niemals geträumt worden, die von Dichtern geschaffen und erfundenen Personen im Zusammenhange einer Erzählung beigelegt werden«[12]. Das hatte weitreichende und bedenkliche literaturtheoretische Konsequenzen, denn es bedeutete (»wahrscheinlich die umstrittenste seiner Ideen«[13]), fiktionale Figuren wie reale Personen zu behandeln.[14]

Mit dieser Form einer erweiterten Anwendung auf nicht geträumte Träume ist auch schon eine wesentliche Perspektive im Verhältnis von Literatur und Psychoanalyse genannt, nämlich Freuds Idee und Konzeption einer Traumdeutung und sein gleichnamiges Buch aus dem Jahr 1899 (vordatiert auf 1900). Unter den typischen Träumen listet Freud zwei literarische Stoffe der Weltliteratur als Motivquellen auf: nämlich Ödipus und Hamlet, die beide aus seiner Beschäftigung mit den literarischen Texten von Sophokles (*König Ödipus*) und Shakespeare herausdestilliert werden. Und auch nach 1919, nach dem Aufsatz zum *Unheimlichen*, wird sich Freud mit Literatur auseinandersetzen, zum Beispiel 1928 mit Dostojewski (*Dostojewski und die Vatertötung*)

12 *Der Wahn und die Träume in W. Jensens »Gradiva«*, in: *»Der Dichter und das Phantasieren«. Schriften zur Kunst und Kultur*, S. 7–100, hier S. 7.

13 Gay 2006, S. 362.

14 Siehe hierzu Schönau 1991, S. 102–105.

oder anlässlich der Verleihung des Goethe-Preises 1930 in Frankfurt am Main auch wieder mit Goethe.

Und wir können noch weiter zurückgehen. Mit Ödipus und Hamlet hatte sich Freud schon in seinen Briefwechseln mit Wilhelm Fließ (1858–1828) auseinandergesetzt. Max Schur hat als Erster darauf aufmerksam gemacht, wie wichtig diese (Brief-)Freundschaft zwischen Fließ und Freud für Freuds Entwicklung und die der Psychoanalyse war.[15] Man bezeichnet den Briefwechsel daher auch nicht zu Unrecht (neben der *Traumdeutung*) als »Gründungsdokument der Psychoanalyse«[16]. Und in diesem Gründungsprozess ist die Literatur schon strukturgebend präsent, denn in »den Briefen an Fließ vom Oktober 1897 (Ödipus und Hamlet) gewinnen zwei Themen gleichzeitig an Bedeutung, die von da an Freuds Werk bestimmen«[17] (in diesen Briefen hatte Freud schon 1898 eine psychoanalytische Interpretation der Novelle *Die Richterin* von Conrad Ferdinand Meyer geliefert)[18].

So lässt sich also festhalten, dass der Aufsatz zum *Unheimlichen* in einer langen Reihe von expliziten Arbeiten steht, in denen eine psychoanalytische Frage an und mit der Literatur abgehandelt wird, und dass die Auseinandersetzung mit Literatur die Psychoanalyse zumindest Freud'scher Provenienz von Anfang an begleitet. Allein der Kontext in den psychoanalytischen Schriften von Freud und in denen von Zeitgenossen und Schülern wie Otto Rank (1884–1939), Wilhelm Stekel (1868–1940) oder Theo-

15 Schur 1973, S. 83–268.
16 Wegener 2014, S. 192.
17 Rohrwasser 2005, S. 93.
18 Wolff 1975, S. 11 f.

dor Reik (1888–1969) zeigt, dass dem Aufsatz zum *Unheimlichen* eine durchaus programmatische und zentrale Position zugesprochen werden muss.

Und das ist vielleicht immer noch zu wenig gesagt, denn der Aufsatz, wie im Folgenden deutlich werden soll, liefert ja nicht nur eine Literaturinterpretation am Beispiel von Hoffmanns Novelle, sondern gibt auch Aufschlüsse über das enge Verhältnis von Literatur und Psychoanalyse und über die konstitutive Funktion, die Literatur bzw. die Auseinandersetzung mit ihr für die Psychoanalyse in ihrer historischen Entwicklung sowie in ihrer systematischen Entfaltung leistet. Literatur ist nicht nur ein Anwendungsfall von Psychoanalyse (unter anderen), Literatur ist nicht nur Anschauungsmaterial, Illustration der »Resultate« der »psychoanalytischen Methode«[19], »Resonanzboden des analytischen settings«[20] und Motiv- bzw. Stofflieferant (Hamlet und Ödipus)[21], literarische Träume sind eben nicht nur ein Spezialfall oder vielleicht ein Gegenmodell zu tatsächlich geträumten Träumen, nein, Literatur ist und bedeutet mehr für die Psychoanalyse.

Schon der französische Philosoph Paul Ricœur bestimmt die Funktion des Kunstwerks für die Psychoanalyse als »Symptom und Kur zugleich«[22]. Der Literaturwissenschaftler Peter-André Alt sieht daher in der Literatur zu Recht das »Objekt der therapeutischen Erkenntnis *und* [die] Formierungsinstanz des psychoanalytischen Diskurses«[23]. Er schlägt also schon früh den Bogen zu den

19 Beide Begriffe bei Baudry 1971, S. 63.
20 Rohrwasser 2005, S. 49.
21 Vgl. dazu näher z. B. Starobinski 1973, S. 110–142.
22 Ricœur 1993, S. 183; s. a. Goebel 2017, S. 20.
23 Alt/Anz 2008, S. 6. [Hervorh. O. J.]

erkenntnistheoretischen bzw. epistemologischen Grundlagen. Psychoanalyse konstituiert sich in der Auseinandersetzung mit Literatur, weil Psychoanalyse das »Wissen der Literatur«[24] fruchtbar machen kann, auch wenn gleichzeitig, wie der Literaturpsychologie-Spezialist Thomas Anz in seiner Diskussion des Wissens-Begriffs deutlich macht, der Rangunterschied zwischen Literatur und Psychoanalyse betont wird.[25] Alts Freud-Biografie kann Freuds Leben »in den Horizonten der modernen Ideengeschichte« erzählen und sie somit zur »Biographie der Psychoanalyse« erklären, nicht zuletzt deswegen, weil Freud auch »aus reicher Lektüre neue Entdeckungen gewann«:[26] Freud habe nämlich durchaus genau gewusst, warum »er sich immer wieder mit Kulturphänomenen befaßte«, denn an diesen »ließen sich die Hauptlinien seiner Wissenschaft ablesen, und über sie lernte er selbst, manchmal zur eigenen Überraschung, die Reichweite der Psychoanalyse kennen«[27]. Der Literaturwissenschaftler Peter von Matt geht davon aus, »daß Freud eines der wichtigsten Elemente seines ganzen psychoanalytischen Modells an bestimmten literarischen Gegenständen gefunden, an ihnen exemplifiziert und nach ihnen benannt hat«[28]. Eckart Goebel bezeichnet die Literatur bzw. ihre Funktion für die Psychoanalyse sogar als »epistemisches Medium,

24 Ebd., S. 3; s. a. Goebel 2017, S. 39.
25 Anz 2008, S. 194 f.
26 Alt 2016, S. 17.
27 Ebd., S. 623. Dass die »Reichweite« der Psychoanalyse auch ihre Grenze bedeuten kann, zeigt Altenhofer 1982, S. 212: »Wenn man die Besonderheit und die Reichweite der Freudschen literarischen Hermeneutik klären will, wird man die Frage prüfen müssen, ob das offensichtlich Unbefriedigende der Ausführungen über König Ödipus und Hamlet […] auf eine Überschreitung des psychoanalytischer Interpretation zugänglichen Gegenstandsbereichs oder auf ein Zurückbleiben Freuds hinter den Möglichkeiten der eigenen Methode zurückzuführen ist.«
28 Matt 2001, S. 10

das psychoanalytisches Wissen vor wie nach Freud generiert«[29]. Und schon bei Jean-Louis Baudry findet sich die Idee, dass das, was die Psychoanalyse an und mit der Literatur leistet, zugleich die Funktion hat, sie in Geltung zu setzen und ihre Geltung abzusichern.[30] Ähnlich anspruchsvoll der Medientheoretiker Friedrich Kittler: ihm zufolge sind die von der Psychoanalyse identifizierten und analysierten allgemeinen Strukturen »an Hoffmanns Erzählung« »zu verifizieren«[31]! Alt argumentiert an anderer Stelle ähnlich und spricht von der Absicht, »psychoanalytische Diagnosen über die dichterische Quelle abzusichern«[32].

Das Verhältnis von Literatur und Psychoanalyse ist also enger und intimer, als man dies zunächst, noch ohne Blick auf eine einschlägige Forschungslinie, vermuten könnte und wie Freud es selbst vielfach vermuten lässt und im Beginn des Aufsatzes nahezulegen versuchte. Heutzutage ist dieses Verhältnis facettenreich aufgearbeitet.[33] Selbst wenn man das weite Feld, auf dem die Freud'sche Psychoanalyse die Literatur beeinflusst (Psychoanalyse in der Literatur), unberücksichtigt lässt[34] und nur auf die erkenntnistheoretische Funktion der Literatur für die Psychoanalyse bzw.

29 Goebel 2017, S. 39.
30 Baudry 1971, S. 63.
31 Kittler 1977, S. 153.
32 Alt 2016, S. 385.
33 Beispielhaft sei genannt: Alt/Anz 2008, Altenhofer 1982, Baudry 1971, Berndt/Goebel 2017, Birus 1986, Cremerius 1974, Felman 1982, Geisenhanslüke 2008, Haselstein 1991, Hörisch 1985, Kittler 1977, Kurz 2008, Lorenzer 1986, Lüdemann 1994, Matt 2001, Muschg 1930, Pietzcker 1974, 1985 und 1992, Ricœur 1993, Rohrwasser 2005, Schönau 1991, Starobinski 1973, Urban 1973, Widmaier-Haag 1999 oder Wolff 1975.
34 Für einen Überblick vgl. Anz 1999, Anz 2006, und Worbs 1989.

auf den psychoanalytischen Beitrag zur Textinterpretation/Hermeneutik und Literaturtheorie/-wissenschaft (Literatur in der Psychoanalyse) blickt,[35] kann man unschwer erkennen, wie sich die Psychoanalyse nicht nur systematisch aus der Auseinandersetzung mit Literatur entfaltet und Profil gewinnt, sondern wie auch ein literarisches Moment ihr selbst immer anhaften bleibt.

Doch auch eine solche Blickrichtung muss die historische Entwicklung jeweils im Blick haben, wie etwa Starobinski ausführt: In einer ersten Phase habe Freud in der Literatur »nur Illustrationen und Bestätigungen für seine Hypothesen« gesucht, sich aber später »in einer zweiten Phase an den schöpferischen Prozeß selbst herangewagt, in der Hoffnung, ein zentrales Geheimnis des Kunstwerks zu begreifen«. Dessen spätere »Texte deuten indessen einen Umschlag an – so als ob Freud von den Behauptungen gewisser Schüler von ihm erschreckt worden wäre«. Entsprechend sähen wir ihn darum bemüht, »vorsichtig das Anwendungsgebiet seiner Methode zu umschreiben und dessen Grenzen festzulegen«[36]. Alt stellt den gleichen Befund mit nur etwas anderer Pointierung dar: Je unabhängiger seine Lehre geworden sei, »desto weniger bedurfte sie eines falschen Geleitschutzes durch Dichtung und Malerei«.[37]

Das bedeutet aber nicht, dass Literatur und Kunst für die Psychoanalyse weniger bedeutsam wurden, ihre Funktion hatte sich lediglich für das psychoanalytische Theoriedesign verändert. Das hängt auch mit der veränderten Positionierung bestimmter Funktionskomponenten zusammen, wie zum Beispiel dem psychoanalytischen Durchgriff – durch den Text hindurch – auf den Autor. So beobachtet der Literaturwissenschaftler Michael Rohrwasser eine Verschiebung, denn in »Freuds Kommentaren zu Goethe

35 Für einen Überblick vgl. Pfeiffer 2006.
36 Starobinski 1973, S. 96 f.
37 Alt 2016, S. 384.

und Meyer« sei die Prämisse zu finden, »dass Literatur die seelische Disposition ihres Produzenten spiegele, am Anfang, in den folgenden Kommentaren zu Wilhelm Jensen (1907) und E.T.A. Hoffmann (1919) steht sie dann am Ende«.[38]

Das Verhältnis zwischen Autor und Psychoanalytiker

Die Frage nach dem Verhältnis zwischen Literatur und Psychoanalyse wird später auf die Frage nach der Einschätzung des Autors zugespitzt. Grundsätzlich schwankt Freud zeit seines Lebens zwischen Bescheidenheits-[39] und Herrschaftsgesten. Darin drückt sich seine Hinwendung zu den Künstlern und gleichzeitig immer auch seine Absetzung von ihnen aus. Er formuliert seine Bewunderung, aber es schlägt immer auch eine gewisse »Herablassung« gegenüber der Literatur und insbesondere gegenüber ihren Autoren durch.[40] Notorisch ist die »Ambivalenz gegenüber dem Dichter« zwischen »Reverenz« und »Zurückhaltung«.[41]

In dieser Ambivalenz zeigt sich etwas, was Freud in seinem Auftreten als Wissenschaftler ganz grundsätzlich charakterisiert. Er schwankt immer wieder zwischen den Extremen: einerseits ist er neugierig und wissbegierig, und andererseits tritt er mit einem bisweilen unangenehmen patriarchalischen und brachialen Gestus besserwissserisch auf. Er selbst stellt die Psychoanalyse in eine Reihe mit Kosmologie von Kopernikus und der Evolutionstheorie von

38 Rohrwasser 2005, S. 97.
39 Kremer 2008, S. 59.
40 Starobinski 1973, S. 99.
41 Rohrwasser 2005, S. 217.

Darwin[42], bezeichnet sie aber im selben Atemzug als – »dritte und empfindlichste« – Kränkung, weil sie zeigt, dass »das Ich nicht einmal Herr im eigenen Hause« sei.[43] Und bei anderer Gelegenheit soll er die Psychoanalyse gar als »Pest«[44] bezeichnet haben. Es läge nahe, psychoanalytisch inspiriert danach zu fragen, ob er mit seinen teils aggressiven Gesten des Unbehagens nicht unfreiwillig auf Begründungsdefizite der Psychoanalyse selbst aufmerksam macht. Bemerkenswerterweise tritt diese Ambivalenz gerade in seiner Auseinandersetzung mit Literatur – und nicht zuletzt in seiner *Sandmann*-Interpretation – zutage. So macht Hannes Fricke auf jene Passage im Aufsatz zum *Unheimlichen* aufmerksam, wo sich Freud rigoros andere Interpretationen dieser Novelle, die nicht auf den Zusammenhang von »Augenangst« und »Kastrationskomplex« abheben, verbittet:

> Auch würde ich keinem Gegner der psychoanalytischen Auffassung raten, sich für die Behauptung, die Augenangst sei etwas vom Kastrationskomplex Unabhängiges gerade auf die Hoffmannsche Erzählung vom »Sandmann« zu berufen. (S. 23.)

Fricke vermutet mit guten Gründen, dass »das, was Freud ausblendet, besonders interessant sein« könnte, beispiels-

42 Zum weiteren Kontext dieser Äußerungen siehe Onfray 2011, S. 70–76.

43 Freud, *Eine Schwierigkeit der Psychoanalyse* [1917], S. 12.

44 Lacan berichtet eine Anekdote Jungs, der zufolge Freud bei der Reise nach Amerika gesagt haben soll: »Sie wissen nicht, dass wir ihnen die Pest bringen.« Roudinescu/Plon 2004, S. 781.

weise dass hier ein Trauma vorliege, das Freud nicht erkennt, weil er keine Traumatheorie entwickelt habe.[45]

Vor diesem Hintergrund werden auch weitere Äußerungen Freuds zu diesem Themenkomplex anders lesbar, zum Beispiel, wenn er seinen Neid auf andere ausdrückt. Schon 1882 schreibt er (und nutzt eine vielsagende erotische Metapher): Autoren besäßen »einen Dietrich […], der alle Frauenherzen mühelos aufschließt, während wir gewöhnlich vor den seltsamen Zeichen des Schlosses ratlos dastehen und uns quälen müssen, auch erst für eins den passenden Schlüssel zu finden«.[46] Eine ähnliche Formulierung findet sich später, 1917, in den *Vorlesungen zur Einführung in die Psychoanalyse*: Der Künstler werde »von überstarken Triebbedürfnissen gedrängt, möchte Ehre, Macht, Reichtum, Ruhm und die Liebe der Frauen erwerben; es fehlen ihm aber die Mittel, um diese Befriedigung zu erreichen«. Also wendet er sich der Kunst zu, wird nicht zum Neurotiker und hat nun auf diesem Umweg, »durch seine Phantasie erreicht, was er vorerst nur in seiner Phantasie erreicht hatte: Ehre, Macht und die Liebe der Frauen«.[47] Und 1908 heißt es in seiner Studie *Die ›kulturelle‹ Sexualmoral und die moderne Nervosität* im Versuch der Abgrenzung (und mithin der Selbststilisierung als Wissenschaftler) geradezu verräterisch: »Ein abstinenter Künstler ist kaum recht möglich, ein abstinenter Gelehrter gewiß keine Seltenheit.«[48] Die Absetzung vom Typus des Künstlers dient Freud dazu,

45 Fricke 2016, S. 181 f.

46 Brief Freuds an Martha Bernays vom 11. 7. 1882, zit. nach Jones 1984, Bd. 1, S. 139; s. a. Gay 2006, S. 360; Rohrwasser 2005, S. 218.

47 GW XI, S. 390 f., s. Rohrwasser 2005, S. 217.

48 GW VII, S. 160, s. Hinweis bei Alt 2016, S. 121.

sich selbst als Wissenschaftler zu definieren. Und auch hier begegnet Ambivalenz, denn Freud widerruft auch diese Selbstcharakterisierung, wenn sich ihm ein anderes Bild von sich in den Vordergrund schiebt. So schreibt Freud am 1. Februar 1900 an Wilhelm Fließ:

> Ich bin nämlich gar kein Mann der Wissenschaft, kein Beobachter, kein Experimentator, kein Denker. Ich bin nichts anderes als ein Conquistadorentemperament, ein Abenteurer, wenn Du es übersetzt willst, mit der Neugierde, der Kühnheit und der Zähigkeit eines solchen. Solche Leute pflegt man nur zu schätzen, wenn sie Erfolg gehabt, wirklich etwas entdeckt haben, sonst aber sie beiseite zu werfen. Und das ist nicht so ganz ungerecht.[49]

Aber gerade weil die Unterscheidung zwischen dem Wissenschaftler und dem Künstler, Eroberer, Abenteurer (man denke auch an die erotische Metaphorik) wenig stabil ist, kann daraus auch die Angst des Wissenschaftlers (d. h. als Psychoanalytiker) resultieren, ein Doppelgänger des Künstlers zu sein. Berühmt geworden sind Freuds Äußerungen gegenüber Arthur Schnitzler. Der gesamte Brief (weswegen er hier vollständig abgedruckt wird) gerät Freud zur »Analyse«; aus der Angst, ein Doppelgänger des Dichters zu sein oder Gefahr zu laufen, es zu werden, entwickelt Freud vor dem Hintergrund einer angedeuteten Lebensbilanz den Versuch einer Selbstverständigung oder Selbstbehauptung als Forscher: auch hier wieder die Am-

49 *Briefe an Wilhelm Fließ*, S. 437.

bivalenz zwischen Angst, die explizit eingestanden wird, und Überlegenheitsgestus: immerhin analysiert Freud das Verhältnis beider und kleidet seine Lebensbilanz in die Metapher des Dramas – und das gegenüber einem Dramatiker:

> Verehrter Herr Doktor
> Nun sind Sie auch beim sechzigsten Jahrestag angekommen, während ich, um sechs Jahre älter, der Lebensgrenze nahe gerückt bin und erwarten darf, bald das Ende vom fünften Akt dieser ziemlichen unverständlichen und nicht immer amüsanten Komödie zu sehen.
>
> Wenn ich noch einen Rest von Glauben an die ›Allmacht der Gedanken‹ bewahrt hätte, würde ich jetzt nicht versäumen, Ihnen die stärksten und herzlichsten Glückwünsche für die zu erwartende Folge von Jahren zuzuschicken. Ich überlasse dies törichte Tun der unübersehbaren Schar von Zeitgenossen, die am 15. Mai Ihrer gedenken werden.
>
> Ich will Ihnen aber ein Geständnis ablegen, welches Sie gütigst aus Rücksicht für mich für sich behalten [und] mit keinem Freunde oder Fremden teilen wollen. Ich habe mich mit der Frage gequält, warum ich eigentlich in all diesen Jahren nie den Versuch gemacht habe, Ihren Verkehr aufzusuchen und ein Gespräch mit Ihnen zu führen (wobei natürlich nicht in Betracht gezogen wird, ob Sie selbst eine solche Annäherung von mir gerne gesehen hätten).
>
> Die Antwort auf diese Frage enthält das mir zu intim erscheinende Geständnis. Ich meine, ich habe Sie gemieden aus einer Art von Doppelgängerscheu. Nicht

etwa, daß ich sonst leicht geneigt wäre, mich mit einem anderen zu identifizieren oder daß ich mich über die Differenz der Begabung hinwegsetzen wollte, die mich von Ihnen trennt, sondern ich habe immer wieder, wenn ich mich in Ihre schönen Schöpfungen vertiefe, hinter deren poetischem Schein die nämlichen Voraussetzungen, Interessen und Ergebnisse zu finden geglaubt, die mir als die eigenen bekannt waren. Ihr Determinismus wie Ihre Skepsis – was die Leute Pessimismus heißen –, Ihr Ergriffensein von den Wahrheiten des Unbewußten, von der Triebnatur des Menschen, Ihre Zersetzung der kulturell-konventionellen Sicherheiten, das Haften Ihrer Gedanken an der Polarität von Lieben und Sterben, das alles berührte mich mit einer unheimlichen Vertrautheit. (In einer kleinen Schrift vom J.[ahr] 1920, »Jenseits des Lustprinzips«, habe ich versucht, den Eros und den Todestrieb als die Urkräfte aufzuzeigen, deren Gegenspiel alle Rätsel des Lebens beherrscht.) So habe ich den Eindruck gewonnen, daß Sie durch Intuition – eigentlich aber in Folge feiner Selbstwahrnehmung – alles das wissen, was ich in mühseliger Arbeit an anderen Menschen aufgedeckt habe. Ja ich glaube, im Grunde Ihres Wesens sind sie ein psychologischer Tiefenforscher, so ehrlich unparteiisch und unerschrocken wie nur je einer war, und wenn Sie das nicht wären, hätten Ihre künstlerischen Fähigkeiten, Ihre Sprachkunst und Gestaltungskraft, freies Spiel gehabt und Sie zu einem Dichter weit mehr nach dem Wunsch der Menge gemacht. Mir liegt es nahe, dem Forscher den Vorzug zu geben. Aber verzeihen Sie, daß ich in die Analyse geraten bin, ich kann eben nichts anderes. Nur weiß ich, daß die Analyse kein Mittel ist, sich beliebt zu machen.

In herzlichster Ergebenheit

Ihr Freud[50]

Freud zeigt, was er der Literatur verdankt, und hält doch daran fest, dass er der Forscher ist, was nur heißen kann: dass die Psychoanalyse als wissenschaftliche Theorie, so wie er sie konzipiert und versteht, – wertfrei formuliert – einen Metadiskurs zur Literatur darstellt. Berühmt geworden ist folgender anekdotischer Ausspruch, den Lionel Trilling überliefert, dass er, als er zu Gelegenheit seines 70. Geburtstags als »Entdecker des Unbewussten« gefeiert werden sollte, dies vehement von sich gewiesen habe: Die Schriftsteller und Philosophen hätten vor ihm das Unterbewusste, er habe im Vergleich dazu aber nur die wissenschaftliche Methode entdeckt, durch die das Unbewusste nun untersucht werden könne.[51] Auch hier entdeckt man dieselbe Ambivalenz: Freud beansprucht den Titel, Entdecker des Unbewussten zu sein, nicht und reicht ihn an die Autoren weiter, reklamiert aber im selben Atemzug die wissenschaftliche Methode seines Studiums. Schon aus argumentationslogischen Gründen, um die Psychoanalyse

50 *Briefe 1873–1939*, S. 356–358.

51 Trilling 1951, S. 34: »When, on the occasion of the celebration of his seventieth birthday, Freud was greeted as the ›discoverer of the unconscious‹, he corrected the speaker and disclaimed the title. ›The poets and philosophers before me discovered the unconscious‹, he said. ›What I discovered was the scientific method by which the unconscious can be studied.‹« Die Anekdote zitiert auch Starobinski 1973, S. 91, sowie Goebel 2017, S. 3.

gegenüber ihrem Gegenstand Literatur bzw. Kunst zu behaupten und zu profilieren, musste Freud also auf einen grundsätzlichen »Unterschied«[52] zwischen Künstler und Analytiker beharren. Das mag sich, trotz aller Reverenz, bis zu einer gewissen »Gereiztheit gegenüber dem Künstler«[53] steigern. Wenn Jean Starobinski schreibt, dass sich die Psychoanalyse »dem Werk gegenüber [...] für inkompetent«[54] erklärt, dann bezieht er sich auf den Satz von Freud aus dem Aufsatz *Dostojewski und die Vatertötung*: »Leider muß die Analyse vor dem Problem des Dichters die Waffen strecken.«[55] Damit wird die Psychoanalyse jedoch nicht zurückgenommen, sondern eher gegen Angriffe immunisiert. Das mag durchaus praktische Gründe haben, weil ein Autor sich nicht ›auf die Couch legen lässt‹. Doch bei Freud und mehr noch bei manchem seiner Schüler ist die Verlockung groß, den Dichter zu analysieren, und das bedeutet: den literarischen Text selbst als Symptom zu behandeln. Doch Freud weiß auch um die Grenzen dieses Vorgehens und dieser anmaßenden Geste, die nicht zuletzt auch die Ergebnisse der Analyse lückenhaft, einseitig, reduktionistisch oder gar fragwürdig werden lässt.

Bisweilen wird Freud auch von anderen als Künstler bezeichnet, was durchaus Auswirkungen auf die Einschätzung der Psychoanalyse als Wissenschaft oder selbst als Kunst hat. So schreibt Eugen Bleuler 1913 an Freud:

52 Starobinski 1973, S. 91.
53 Ebd., S. 99.
54 Ebd., S. 97.
55 *Dostojewski und die Vatertötung*, in: *»Der Dichter und das Phantasieren«. Schriften zur Kunst und Kultur*, S. 239–259, hier S. 239; s. a. Starobinski 1973, S. 97.

> Vom wissenschaftlichen Standpunkt aus verstehe ich immer noch nicht, dass Ihnen bei der Psychanalyse [sic] so sehr daran liegt, dass das ganze Gebäude angenommen werde. Hingegen erinnere ich mich, Ihnen einmal gesagt zu haben, dass Sie trotz Ihrer großen Leistungen in der Wissenschaft mir psychologisch eigentlich als Künstler vorkommen. Von dem Standpunkt aus wäre es dann auch sehr leicht begreiflich, dass Sie sich Ihr Kunstwerk nicht zusammenschlagen lassen. Beim Kunstwerk haben wir eine Einheit, die sich nicht auseinander nehmen lässt.[56]

Das traf einen wunden Punkt, denn Freud sah sich in diesem wissenschaftstheoretischen Kontext sogar selbst als Quasi-Literaten, als, wie er Wilhelm Fließ schrieb, »literarische[n] Geschäftsmann«[57]. Zwei Beispiele lassen sich für die Selbsteinschätzung anführen, eines aus seiner frühen Phase und eines aus dem Kontext seines letzten Buchprojekts, zwei Beispiele also, die chronologisch nahezu sein gesamtes Lebenswerk umfassen. So schreibt er in den *Studien über Hysterie* schon 1895:

> Ich bin nicht immer Psychotherapeut gewesen, sondern bin bei Localdiagnosen und Elektroprognostik erzogen worden wie andere Neuropathologen, und es berührt mich selbst noch eigenthümlich, dass die Krankengeschichten, die ich schreibe, wie Novellen zu lesen sind,

56 Zit. nach Alt 2016, S. 390.
57 *Briefe an Wilhelm Fließ*, S. 34.

> und dass sie sozusagen des ernsten Gepräges der Wissenschaftlichkeit entbehren.[58]

Die Fallstudien in den *Studien über Hysterie* »glichen« damit, so Peter-André Alt, »den großen Novellen des 19. Jahrhunderts [...] von Kleist und Brentano, Keller und Meyer, Storm und Fontane«. Insofern kann er sie auch als »Gründungserzählungen der frühen Psychoanalyse« lesen.[59] Später spricht Freud auch von den »Wahndichtungen der Paranoiker«[60]. In diesen Zusammenhang gehört auch Freuds Begriff des »Familienromans«, den er 1909 in dem Text *Der Familienroman der Neurotiker* ausarbeitet. Dieser Begriff mutet literarhistorisch an, als bezeichne er eine bestimmte Literaturform, meint bei Freud aber die Erfindung, Gestaltung und Erzählung einer – zumeist psychopathogenen – Familienkonstellation der Neurotiker und Kinder: Meine Eltern sind nicht meine wirklichen Eltern, sondern ich stamme von Königen ab und muss in meinem jetzigen Leben tragisch verkannt ausharren. Auch hier eine Ambivalenz, ein fließender Übergang. (Genau umgekehrt verhält es sich mit der *Sandmann*-Lektüre im Aufsatz zum *Unheimlichen*: Hier geht es nicht um den Familienroman eines Neurotikers, sondern um die Neurose einer Novellenfigur.)

Und (das zweite Beispiel) sein letztes Buch *Der Mann Moses und die monotheistische Religion* (1939) plant er unter dem Arbeitstitel: *Der Mann Moses. Ein historischer Ro-*

58 GW I, S. 227.
59 Alt 2016, S. 213 f.
60 GW VII, S. 191.

man.[61] Kein Wunder also, dass Marthe Robert den »historischen Roman« gleichermaßen als Freuds »Familienroman« charakterisieren kann, so dass für sie »dieses einzigartige Werk [...] dem Roman so nahe steht wie der Wissenschaft«.[62]

Diese Nähe zur Literatur macht indirekt auf die Notwendigkeit einer Abgrenzung aufmerksam, auf die Freud jenseits solcher Beispiele generell Wert legt. Denn die Abgrenzung ist aus erkenntnistheoretischen Gründen notwendig, und Freud ist sich dessen wohl überdeutlich bewusst (es berührt ihn eigentümlich), weil nur über diesen Weg die Psychoanalyse sich als Wissenschaft behaupten und etablieren kann. Doch Freud weiß auch: Er darf nicht über das Ziel hinausschießen. Es mutet wie ein Kompromiss an, wenn er in *Der Wahn und die Träume in W. Jensens ›Gradiva‹* ein wiederum anderes Modell andeutet; dort liest man: »Wertvolle Bundesgenossen sind aber die Dichter«, und weiter: »ihr Zeugnis ist hoch anzuschlagen, denn sie pflegen eine Menge von Dingen zwischen Himmel und Erde zu wissen, von denen sich unsere Schulweisheit noch nichts träumen läßt.«[63] Bemerkenswerter ist das darin verdeckte literarische Zitat; Freud spielt auf Shakespeares *Hamlet* (I,5), auf eine Äußerung Hamlets an: »Es gibt mehr

61 Assmann 2010, S. 176–178, 184; Robert 1977, S. 138, 145, 154; Grubrich-Simitis 2009, S. 20, 26, 29 f., 64 f., 81, 84, 86 f. Die Gattungsbezeichnung hat er nach der Lektüre von Thomas Manns *Die Geschichten Jaakobs* aufgegeben (ebd., S. 68).

62 Robert 1977, S. 158, 15.

63 *Der Wahn und die Träume in W. Jensens ›Gradiva‹*, in: *»Der Dichter und das Phantasieren«. Schriften zur Kunst und Kultur*, S. 7–100, hier S. 9.

Dinge zwischen Himmel und Erde, Horatio, als es die Philosophie sich träumen läßt.«[64] Er rechtfertigt die Eigenständigkeit und mithin das Eigenrecht der Literatur gegenüber der Psychoanalyse mit Literatur und schafft so die Möglichkeit, dass beide einander auf Augenhöhe begegnen. Doch wird dies immer auch konterkariert durch die analytische oder therapeutische Überlegenheitsgeste bzw. Suprematie.

> Auf diese Weise erzeuge Freud das »Doppelbild vom Dichter als Patienten und als Bündnispartner«, so Rohrwasser[65]. In seiner »historischen Studie über die Psychoanalyse der Literatur« – so der Untertitel – mit dem Haupttitel *Lektüre der Seele* hat Michael Rutschky versucht, dieses Doppelbild zu systematisieren, indem er ein Therapiemodell von einem Kooperationsmodell unterscheidet.[66] Seine Studie wird eröffnet mit der Grundsatzfrage: »Was geschieht, wenn der Psychoanalytiker Literatur interpretiert?«[67]

Die Frage nach dem Verhältnis zwischen Therapiemodell und Kooperationsmodell bietet eine Antwort auf die Frage nach dem Verhältnis zwischen Analytiker und Autor. Sie ist aber gleichzeitig die Frage nach dem Verhältnis zwischen Autor und Text und mithin die Frage, auf welche Konstituenten sich die Analyse vorrangig stützt: auf den Text oder auf den Autor. Der Freud-Biograf Peter Gay unterscheidet grundsätzlich »drei Hauptdimensionen der ästhetischen Erfahrung: die Psychologie der Protagonisten,

64 »There are more thing in heaven and earth, Horatio, than are dreamt of in your philosophy.« Shakespeare 1984, S. 108 f.
65 Rohrwasser 2005, S. 88.
66 Rutschky 1981, S. 9–19, Widmaier-Haag 1999, S. 26 f.
67 Rutschky 1981, S. 9.

die Psychologie des Publikums und die Psychologie des Schöpfers«[68], oder, wie Walter Schönau formaler differenziert: Man kann zwischen Figurenanalyse, werkorientierter, leserorientierter und autororientierter Interpretation unterscheiden.[69] Und es sind weitere Unterscheidungen denkbar: Man kann auch zwischen endopoetischen und exopoetischen Faktoren differenzieren, also danach, wo die bestimmenden Faktoren des literarischen Textes, im Text (endopoetisch) oder außerhalb (exopoetisch), also zum Beispiel in der Biografie des Autors, situiert sind.[70] Doch solche Differenzierungen haben durchaus etwas Akademisches an sich. In jedem Fall ist die psychoanalytische Konzeption des Autors bzw. des Pols Autor oder des Begriffs Autor nicht unabhängig von der einer psychoanalytischen Konzeption von Literatur und Kunst und insbesondere des literarischen Textes.

Dabei treffen sich zwei Aspekte, ein negativer, die Abgrenzung vom Autorpol, und ein positiver, die eigene Bestimmung von Literatur. Im negativen Aspekt kommt in der Diskussion zum Ausdruck, mit welchen phänomenologischen oder ätiologischen Begriffen die Autorschaft des Autors bzw. das Künstlertum des Künstlers erfasst wird. Dazu stehen in der psychoanalytischen Theoriebildung eigene Begriffe »Spiel«, »Traum«, »Tagtraum«, »Symptom«, »Wunsch« und »Ersatzbefriedigung«, »Unbewusstes«, »Illusion« oder »Neurose« zur Verfügung. Diese Konzepte können daraufhin überprüft werden, inwieweit sie Literatur und Kunst psycho-

68 Gay 2006, S. 360.
69 Schönau 1991, S. 94–105.
70 Schönau 1991, S. 87 f.

analytisch charakterisieren, *indem* sie literarische Texte als Äußerungen eines Produzenten verstehen (der literarische Text also etwa als Spiel eines Autors, als Traum-Analogon, als Ausdruck seines Unbewussten oder als Symptom seiner Neurose). Die Frage aber, inwieweit sie damit ein Beschreibungs- und Erklärungsmodell für Literatur und Kunst abgeben (oder doch zumindest zu Beschreibung und Erklärung beitragen können), ist damit noch nicht beantwortet.

Gerade der letztgenannte Begriff der Neurose ist intensiv diskutiert worden. Freud selbst hat diese Idee aufgebracht: »Der Künstler«, schreibt er in den *Vorlesungen zur Einführung in die Psychoanalyse* (1917), »ist im Ansatze auch ein Introvierter, der es nicht weit zur Neurose hat.«[71] Doch zu einer vollständigen Identifikation des Künstlers mit dem Neurotiker hat Freud sich nie durchringen können.[72] In der systematischen Rekonstruktion der kunstorientierten Psychoanalyse durch Reinhold Wulff wird deutlich, dass das Theoriedesign diese Annahme gerade nicht unterstützt, denn von »einer Gleichsetzung ›Kunst = Neurose‹ konnte demnach, zumindest bei Freud, keine Rede sein«.[73] Dass mit Wilhelm Stekel gerade ein Schüler Freuds in seinem Buch *Dichtung und Neurose* (1909) behauptete, dass »jeder Dichter [...] ein Neurotiker«[74] sei, erwies sich als »verhängnisvolle[r] Satz«[75] für die Psychoanalyse.[76]

71 GW XI, S. 390.
72 Baudry 1971, S. 74; Goebel 2017, S. 18.
73 Wulff 1975, S. 137.
74 Stekel 1973, S. 6.
75 Urban 1973, S. VIII.
76 Fischer 1980, S. 16–22; Goebel 2017, S. 18; Alt 2016, S. 387.

Sieht man jedoch davon ab, Literatur als neurotischen Ausdruck zu lesen, stößt man auf einen positiven Aspekt. Die Abgrenzung vom Autorpol wirkt sich positiv aus, denn auf diese Weise kommt man zu einem psychoanalytisch fundierten Begriff von Literatur, der wiederum das Verhältnis von Literatur und Psychoanalyse bestimmt. Freud selbst hat versucht, diese Grenzlinie zwischen Literatur und Psychoanalyse zu ziehen, die sich damit als Differenz nicht nur von diskursiven Produktionsweisen, sondern von Produzenten, also von produktiven Typen wie Dichtern und Analytikern erweist:

> Wir [Psychoanalytiker und Dichter] schöpfen wahrscheinlich aus der gleichen Quelle, bearbeiten das nämliche Objekt, ein jeder von uns mit einer anderen Methode, und die Übereinstimmung im Ergebnis scheint dafür zu bürgen, daß beide richtig gearbeitet haben.[77]

Jean-Louis Baudry stärkt in diesem Zusammenhang die Idee der Analyse, der gegenüber Literatur nicht nur als nach- oder untergeordnetes Objekt erscheint, sondern vielmehr als ihr Komplement, denn »das, was die Psychoanalyse zergliedert, gibt die Dichtung als Ganzes wieder«[78]. Dichtung ist synthetisch, die Psychoanalyse – nahezu tautologisch formuliert – analytisch, oder wie es Eckart Goebel ausdrückt, die Artikulationsweise der Dichtung sei »ideo-

77 *Der Wahn und die Träume in W. Jensens ›Gradiva‹*, in: *»Der Dichter und das Phantasieren«. Schriften zur Kunst und Kultur*, S. 7–100, hier S. 96; s. a. Gay 2006, S. 360.

78 Baudry 1971, S. 64.

graphisch, nicht nomothetisch«[79]; der Dichtung gehe es also mehr um eine umfassende Darstellung eines Sachverhalts, um eine Handlung, ihre Voraussetzungen und Folgen beispielsweise, nicht um die Erkenntnis von Gesetzmäßigkeiten, die sich in ihr ausdrücken (wie bei der Analyse).

Das Verhältnis von Form und Inhalt

Doch auch diese Herangehensweise produziert Lücken. Unberücksichtigt bleibt, was Literatur gerade zur Literatur macht, worin literarische Texte sich gegenüber anderen, nicht-literarischen Texten konstitutiv unterscheiden, oder anders gewendet: Unberücksichtigt bleibt das, was das Literarische, nicht das Psychoanalytische an der Literatur ist. Man kann dies als »Rhetorik«, als »Poetik« oder als »Ästhetik« und als »Technik der Texte«, als das »Literarische« oder als »Literarizität« bezeichnen, man hier kann auch behelfsmäßig von einer strengen Zweiteilung von Form und Inhalt als Dichotomie ausgehen und von »Form« sprechen. Freud selbst gesteht dies in einem Brief an C. G. Jung 1907 ein:

> Ich habe oft bemerkt, daß mich der Inhalt eines Kunstwerks stärker anzieht als dessen formale und technische Eigenschaften, auf welche doch der Künstler in erster Linie Wert legt. Für viele Mittel und manche Wirkungen der Kunst fehlt mir eigentlich das richtige Verständnis.[80]

79 Goebel 2017, S. 14.
80 Freud an C. G. Jung vom 19. 9. 1907; Freud/Jung 1974, S. 98.

Und in seiner *Selbstdarstellung* meint er 1925: »Die Analyse kann nichts zur Aufklärung der künstlerischen Begabung sagen, und auch die Aufdeckung der Mittel, mit denen der Künstler arbeitet, der künstlerischen Technik fällt ihr nicht zu.«[81]

Schon in seiner *Ästhetischen Theorie* wirft Theodor W. Adorno Freuds psychoanalytischer Auffassung vor, dass sie die Kunstwerke, insbesondere die literarischen, »auf krud stoffliche Elemente reduziert«, indem sie »deren eigene Objektivität, ihre Stimmigkeit, ihr Formniveau, ihre kritischen Impulse, ihr Verhältnis zur nichtpsychischen Realität, schließlich ihre Idee von Wahrheit« versäume.[82]

Und die Literaturwissenschaft kritisiert dies vehement und immer wieder: Die »literarische Qualität« würde ›ausgeklammert‹[83], Freud habe ein »mangelnde[s] literarische[s] Formverständnis«[84]. Auch Gay, ansonsten ein wohlwollender Biograf, schildert die umfassende Kritik an Freuds Vorgehen, »Form und Stil zugunsten des Inhalts zu ignorieren«[85]. Peter-André Alt meint in seiner Freud-Biografie offen: »Die Dichtung selbst kam nicht zu ihrem eigenen Recht, sondern diente nur als Beweisstück für die analytische Thesenbildung«, Literatur habe ihm »nur als Beispiel für die Vielfarbigkeit und Komplexität des seelischen Lebens« gegolten bzw. sei »für Freud ein Beispielfeld, das ihm half, seine Theorie zu erweitern«, geblieben, Freuds Blick auf Literatur sei nämlich »geprägt von einer durchaus selektiven Sichtweise«.[86] Shosana Fel-

81 GW XIV, S. 91.
82 Adorno 1970, S. 20. Alt 2016, S. 392, charakterisiert diese Vorgehensweise als »reduktionistisch«.
83 Baudry 1971, S. 79.
84 Altenhofer 1982, S. 232.
85 Gay 2006, S. 361.
86 Alt 2016, S. 386, 393, 391.

man meint, eine »Freudsche Lektüre sei blind für die eigentliche Textualität des Textes«.[87] Und auch im Zusammenhang mit Freuds *Sandmann*-Lektüre im Aufsatz zum *Unheimlichen* wird diese Kritik laut: Der Literaturwissenschaftler Burkhardt Lindner kritisiert, dass Freud »die Besonderheiten der literarischen Form« beiseitelässt und keine »Aufmerksamkeit auf die erzählerische Form, die sprachlichen Details und die Inszenatorik der Hoffmannschen Erzählung«[88] richtet.

Das kann durchaus interpretatorische Nachteile mit sich bringen: Freud würde dadurch bei Hoffmann gerade das Entscheidende übersehen. Mit der Konzentration auf den Inhalt gelinge ihm die Vereindeutigung des Textes, aber das gerade bei einem Beispiel von romantischer Literatur, die »die Unverständlichkeit zu ihrem ureigensten poetologischen Programm gemacht hat«[89]. Er übersehe nicht nur »den ironischen Gestus«, sondern seine Analyse weise auch »einige Lücken« auf, was insbesondere die »verschobene Identität der bösen Väter« betrifft.[90] Vor allem kritisiert Detlef Kremer die Tendenz zur Vereindeutigung, wo Hoffmanns Text selbst rätselhaft bleibt. So konstatiert Freud, der Schluss der Erzählung mache »es ja klar, daß der Optiker Coppola wirklich der Advokat Coppelius und also auch der Sandmann ist«. (S. 22.) Kremer kommentiert, »erstens könnte man zu dieser Vereindeutigung bereits weit vor dem Ende der Erzählung geneigt sein«, und zweitens sei »der Satz genau so richtig, dass Coppola und Coppelius zwei verschiedene Figuren sind, die nur bisweilen identische Züge tragen«.[91] Kurz: Der Text bestätigt Freuds Vereindeutigung eben gerade nicht. Insbesondere die Vereindeutigung des Sinns auf »die Angst des kindlichen Kastrationskomplexes« (S. 25) wird von Kremer scharf kritisiert: »Hoffmanns komplexer Text steht

87 Felman 1982, S. 117 (»The ›Freudian‹ reading [...] is blind to the very textuality of the text«).
88 Lindner 2006, S. 21, 23.
89 Kremer 2008, S. 70.
90 Ebd., S. 64.
91 Ebd., S. 69.

stramm, wenn der Kastrationskomplex zum Appell ruft.« Und fußend auf diesem Vorwurf kann und will Kremer diese »Reduktion des Textes« zum grundsätzlichen Problem psychoanalytischer Literaturinterpretation generalisieren: Ihr größtes Manko bestehe » in der mangelhaften Fähigkeit zur Differenzierung. Ob König Oidipus oder Hamlet, ob der Sandmann oder Die Elixiere des Teufels, über die Jahrhunderte entfaltete Traditionsbildung besteht nicht in ihrer literarischen Spezifik, sondern, so Freud ausdrücklich, in der Persistenz [d. h. in dem unwandelbaren Fortbestehen] der ödipalen Struktur.«[92]

Es besteht jedoch durchaus die Möglichkeit, die mangelnde Aufmerksamkeit für die Form zu kompensieren, denn Freud sieht, dass der Text eine Qualität jenseits seines Inhaltes hat. Auch wenn Form nur unzureichend als Ästhetik beschrieben werden kann, so sieht Freud die Form und die Ästhetik als Wirkungsdisposition des Textes. An die Stelle der Form rückt für ihn dann so etwas wie die ›Lust am Text‹. So heißt es bei Freud: Neben dem Dargestellten ist auch die »Darstellung seiner [des Autors; O. J.] Phantasien« insofern wichtig, als sie einen »Lustgewinn« bieten, den Freud »Vorlust« oder »Verlockungsprämie« nennt:[93] »Der Dichter mildert den Charakter des egoistischen Tagtraums durch Abänderungen und Verhüllungen und besticht uns durch rein formalen, d. h. ästhetischen Lustgewinn, den er uns in der Darstellung seiner Phantasien bietet.«[94] Auf diese Weise wird die Funktion der Darstellung ganz auf die Seite der Rezeption und ihrer Wirkung verlagert: Die Form trägt nichts zur Organisation des Dargestellten, zur Erzählung einer Geschichte bei und unter-

92 Ebd., S. 65, 68, 70 f.

93 *Der Dichter und das Phantasieren*, in: *»Der Dichter und das Phantasieren«. Schriften zur Kunst und Kultur*, S. 101–112, hier S. 111. Siehe Cixous 2006, S. 40; Altenhofer 1982, S. 231.

94 *Der Dichter und das Phantasieren*, in: *»Der Dichter und das Phantasieren«. Schriften zur Kunst und Kultur*, S. 101–112, hier S. 111. Bei Peter Gay heißt es entsprechend: »Der Künstler [...] versieht seinen Haken mit dem Köder Schönheit« (Gay 2006, S. 349).

streicht damit die problematische Differenzierung, oder wie Altenhofer es darstellt: »Freuds Vorlust-Begriff« sei immer »an eine Auffassung der künstlerischen Form gebunden, die eine klare Unterscheidbarkeit von Darstellung und Dargestelltem voraussetzt und damit schon zu Freuds Zeit obsolet war.«[95] Altenhofer hat in diesem Zusammenhang jedoch eine interessante Beobachtung gemacht: »dort, wo Fragen der künstlerischen Arbeit und der künstlerischen Form zur Debatte stehen«, erfolge »regelmäßig die argumentative Wendung zur Person des Autors, zu seiner Biographie und seiner psychophysischen Verfassung«.[96] Die Tatsache, dass also Form vernachlässigt wird, zeigt, dass Freud zwischen Dargestelltem (Inhalt) und Darstellung (Form, Ästhetik) unterscheiden muss, aber keine angemessene Konzeption dafür hat. Wo es also tatsächlich um Literarizität gehen könnte oder müsste, wird die Textanalyse durch die Autoranalyse ersetzt. Am Beispiel von Freuds *Hamlet*-Interpretation macht auch Jean-Louis Baudry diese Beobachtung, es gehe nämlich »plötzlich nicht mehr um die Abneigung Hamlets, sondern um die Shakespeares«[97]. Auch Altenhofer moniert den »methodisch fragwürdige[n] Exkurs in die Biographie des Autors Shakespeare«[98]. Und Peter-André Alt hält fest, die literarische Ordnung werde »umstandslos auf eine Hypothese zum biographischen Hintergrund zurückgeführt«[99].

Die Differenzierung zwischen Therapie- und Kooperationsmodell kann also das Feld der psychoanalytischen Literaturinterpretation nur bedingt vermessen. Entscheidend ist, dass vor allem ein Problem systematisch ungeklärt bleibt, nämlich das Verhältnis von Autor- bzw. Textorientierung. Positionen wie die von Jean-Louis Baudry oder Hélène Cixous[100] machen deutlich, dass die Interpretation Freuds (Cixous spielt dies just an der *Sand-*

95 Altenhofer 1982, S. 231.
96 Ebd., S. 227.
97 Baudry 1971, S. 67.
98 Altenhofer 1982, S. 213.
99 Alt 2016, S. 392.
100 Geisenhanslüke 2000.

mann-Lektüre im Aufsatz zum *Unheimlichen* durch) dort fragwürdig wird, wo sie sich auf den Autor konzentriert, oder, wie die Autoren es selbst grundlegender ausdrücken: wo die Psychoanalyse subjektorientiert argumentiert.

Jacques Derrida und Hélène Cixous machen Freud entsprechend den Vorwurf, er interessiere sich nicht für die Form, eine andere, verschärfte Wendung, indem sie die Form/Inhalt-Dichotomie durch die Signifikant/Signifikat-Differenz ersetzen. Schon Derrida hielt fest, dass »die herkömmliche Psychoanalyse der Literatur seit je den literarischen Signifikanten als solchen ausklammert«.[101] Und die in diese Kerbe schlägt auch Hélène Cixous: »Signifikat ohne Signifikant«.[102]

Das Verhältnis von Traum und Text, Phantasie und Literatur

Wo Freud den Text als »Krankengeschichte«[103] begreift, gibt es diese doppelte Möglichkeit, nämlich phänomenologisch (also von der Erscheinung her) oder ätiologisch (also von der Lehre her) auf den Kranken oder aber sprachlich auf die Geschichte zu blicken. Das Hauptproblem besteht also in der Interferenz zwischen Autor- und Textorientierung, die im Text des Aufsatzes zum *Unheimlichen* auch unterschiedliche Ausprägungen erfährt, etwa als Unterscheidung zwischen einer linguistischen und einer phänomenologischen Untersuchung, wie Freud ausführt:

101 Derrida 1974, S. 277; Kremer 2008, S. 71.

102 Cixous 2006, S. 54.

103 Baudry 1971, S. 64, Wegener 2014.

> Man kann nun zwei Wege einschlagen: nachsuchen, welche Bedeutung die Sprachentwicklung in dem Worte ›unheimlich‹ niedergelegt hat, oder zusammentragen, was an Personen und Dingen, Sinneseindrücken, Erlebnissen und Situationen das Gefühl des Unheimlichen in uns wachruft [...]. (S. 6.)

Freud selbst entscheidet sich zunächst für den ersten Weg, der aber immer wieder vom zweiten Weg durchkreuzt wird. Daraus resultiert auch der »dreiteilige Aufbau der Abhandlung«, der eigentlich »seltsam« ist,[104] wie Lindner feststellt.[105] Der Aufsatz zum *Unheimlichen* setzt damit ein, dass das eigentümliche Verfahren eines psychoanalytischen Ausgriffs auf das Feld der Ästhetik angekündigt wird. Erst danach gibt es eine kurze Klärung des Phänomens des Unheimlichen. Dann aber rekurriert Freud auf eine Untersuchung dieses Phänomens durch den Psychiater Ernst Jentsch. Der hatte 1906 in der *Psychiatrisch-neurologischen Wochenschrift* einen Aufsatz mit dem Titel *Zur Psychologie des Unheimlichen* veröffentlicht. Das ist für Freud nicht nur ein Konkurrenzunternehmen, das er überbieten muss, sondern zugleich auch ein Abstoßungspunkt, der es ihm erlaubt, seine eigene Richtung einzuschlagen: Für Jentsch entsteht das Unheimliche als »Unsicherheitsgefühl«.[106] Freud macht daraus das Erklärungsmodell einer »intellektuellen Unsicherheit« (S. 7), ein Gefühl, von dem er sich gerade absetzen will.

104 Vgl. hier den Beginn der drei Abschnitte S. 5, 16 und 42.
105 Lindner 2006, S. 32.
106 Jentsch 1906, S. 196.

Genau an dieser Stelle schaltet Freud eine umfangreiche linguistische Recherche als zweiten Teil ein, die eine Überfülle von sprachlichen Belegen und Bedeutungserklärungen für den Begriff des Unheimlichen auflistet. Hier wird Freuds Aufsatz in der Tat seltsam – und gleichzeitig auf ebenso eigentümliche Weise konsequent. In großer Bandbreite und Ausführlichkeit zitiert er die wortgeschichtlichen Klärungen, doch all dies läuft auf ein konkretes Ergebnis zu, dass nämlich »das Wörtchen heimlich [...] mit seinem Gegensatz unheimlich zusammenfällt. Das heimliche wird dann zum unheimlichen« (S. 13). Zum Ausgangspunkt der Überlegungen wird damit ein echter Gegensatz, der durch eine Negation ausgedrückt wird. ›unheimlich‹ wäre dann das Gegenteil von ›heimisch‹ oder ›heimelig‹. Am Begriff des ›heimlichen‹ kann dieser Durchgang beobachtet werden: es bezeichnet etwas, was zum Heim gehört, jedoch dort versteckt ist oder verdrängt wurde.

Man muss dieses Ergebnis etwas abstrakter betrachten, um seine Reichweite ermessen zu können. Es geht Freud zunächst um eine Delegitimierung formaler logischer Strukturen: Das Nicht-Identische kann durchaus identisch sein, die Negation, entsprechend der das Unheimliche das Heimische negiert, kann zu einer Identifikation werden: Das Unheimliche ist das Heimische.

Diese Umdeutung bedeutet eine radikal veränderte Konstellation in der psychoanalytischen Epistemologie. Die eigentliche symptomatische Ebene ist nicht die Psyche eines einzelnen Individuums, sondern eine allgemeine Sprachstruktur.

Bereits im Jahre 1910 hat Freud diesem Phänomen einen eigenen kurzen Aufsatz mit dem einschlägigen Titel *Über*

Gegensinn der Urworte gewidmet, der erstmals im *Jahrbuch für psychoanalytische und psychopathologische Forschungen* erschien. Das Eigenartige und zugleich Bezeichnende dieses Aufsatzes besteht darin, dass Freud hier weniger eine psychoanalytische Abhandlung, sondern vor allem eine durchaus sprachwissenschaftliche Untersuchung zu dem Phänomen des Gegensinns der Urworte von Karl Abel aus dem Jahre 1884 referiert, der deutlich macht, dass es sich bei den Beispielen nicht um semantische Zufälligkeiten handelt. Es geht ihm dabei um Begriffe wie das lateinische *altus*, das sowohl ›hoch‹ als auch ›tief‹ bezeichnen kann.[107] Mit Abel geht Freud von solchen Urworten aus, die sich dann erst später in der Sprachentwicklung in ihre einander entgegengesetzten Bedeutungen ausdifferenziert haben. Freud kann eine Fülle solcher Phänomene auflisten.

Dieser Aufsatz steht wiederum in enger Verbindung zu Freuds Text über *Die Verneinung*, der 1925 in der Zeitschrift *Imago* erschien. Hier geht Freud zunächst auf die Verneinung ein und bekräftigt ein Prinzip der psychoanalytischen Textanalyse, nämlich »bei der Deutung [!] von der Verneinung abzusehen und den reinen Inhalt des Einfalls herauszugreifen«[108].

Also muss diese Verneinung im Zusammenhang mit dem Gegensinn gesehen werden. Die Verneinung ist ein Oberflächenphänomen der Sprache und somit ein Instrument des Bewussten. Das Unbewusste selbst kennt kein Nein, oder, wie Freud es formuliert, um die intentionalen

107 *Über den Gegensinn der Urworte*, in: *»Der Dichter und das Phantasieren«. Schriften zur Kunst und Kultur*, S. 118–125, hier S. 123.
108 *Die Verneinung*, in: ebd., S. 234–238, hier S. 234.

Fallstricke einer solchen Formulierung (die Zuordnung von Wissen an ein abstraktes Phänomen)[109] zu umgehen: »Es gibt in diesem System [*Ubw*: das Unbewusste; O. J.] keine Negation [...]«.[110] Die Differenz zwischen dem verneinten Satz und seiner Behauptung oder seinem Urteil entspricht der Differenz im psychischen Apparat, wie man sie mit Bewusstem und Unbewusstem gleichsetzen kann.

Die Verneinung versucht also auf der Oberfläche etwas zurückzunehmen, was auf der Tiefenebene sich schon längst Bahn gebrochen hat. Dies ist aber nur deshalb denkbar, weil auf der Tiefenebene andere Prozesse der Negation ablaufen, wie sie beispielsweise am Zusammenfall von entgegengesetzten Bedeutungen ›ablesbar‹ werden, wie es also beim Wort ›heimlich‹ der Fall ist. Genau aus diesem Grunde fallen solche Worte mit ihrer eigenen Negation zusammen oder verschmelzen zumindest Position und Negation, wie es bei der Relation von ›unheimlich‹ und ›heimlich‹ (›heimisch‹) der Fall ist.

Wie bedeutsam diese Denkfigur vom Zusammenfall der entgegengesetzten Bedeutungen ist, kann man im Aufsatz zum *Unheimlichen* auch daran erkennen, dass die gesamte Lektüre von Hoffmanns Novelle auf eben dieses Zusammenfallen hinausläuft; der zweite Absatz endet mit der Feststellung: »Die Vorsilbe u n an diesem Worte ist aber die Marke der Verdrängung.« (S. 42.)[111] Oder anders betrachtet: Auf diese Weise gesehen wirkt die Gliederung des Aufsatzes gar nicht mehr so seltsam.

109 Anz 2006.
110 *Das Unbewusste*, S. 29.
111 Alt 2016, S. 627.

Die Verneinung auf der Oberfläche und der Zusammenfall des Gegensinns der Worte auf der Tiefenebene sind zwei einander ergänzende bzw. komplementäre, ja gegenläufige Prinzipien. Wo auf der Oberfläche zwischen zwei Varianten, einer positiven und einer negativen, einer bejahenden bzw. affirmativen und einer negierten Variante unterschieden wird, haben die Strukturen auf der Tiefenebene diese Unterscheidung schon unterlaufen. An der Oberfläche ist dann nur noch das beobachtbar, was man Durchstreichung nennen könnte: Eine Bedeutung wird erzeugt und zugleich zurückgenommen. In der Sprache selbst bildet sich also ein Zweiebenenmodell heraus, das nicht nur eine Metapher, sondern das zugleich das Modell des psychischen Apparates darstellt, weil der psychische Apparat mit solchen sprachlichen Strukturen arbeitet. (Diese Struktur wird später zur Grundlage von Jacques Lacans Weiterentwicklung – seiner »Ent-Stellung«[112] – der Psychoanalyse zu einer Psychosemiologie werden.[113])

Daraus lässt sich eine psychoanalytische Sprach- und Literaturtheorie in nuce ableiten, wie sie Freud – wie wohl nirgends sonst, auch nicht in der anderen großen literaturanalytischen Studie *Der Wahn und die Träume in W. Jensens ›Gradiva‹* – im Aufsatz zum *Unheimlichen* entwickelt hat. Auf der sprachlichen Ebene, und nur auf dieser, mit dem Komplexitätsgrad des literarischen (also: überdeterminierten) Textes (aber auch des Witzes) werden psychoanalytisch relevante Phänomene, Symptome beispiels-

112 Weber 2000.
113 Z. B. Lacan 1991, s. a. Lang 1986.

weise, überhaupt erst in wissenschaftlicher Gesetzesform[114] beobachtbar.

Auf dieser Basis kann Freud nicht nur am Beispiel, sondern geradezu am Leitfaden der Literatur und der literarischen Texte *Der Sandmann* und *Die Elixiere des Teufels* von E. T. A. Hoffmann zeigen, dass die Angst ein Symptom der Wiederkehr des Verdrängten ist, im ersten Fall die Wiederkehr eines kindlichen Traumas, ausgelöst durch Kastrationsangst. Verdrängtes und dasjenige, was an seine Stelle tritt, verhalten sich zueinander wie die ambivalenten Bedeutungen des Heimlichen bzw. wie Heimliches (Heimisches) und Unheimliches zueinander, verhalten sich also nach sprachlichen, semantischen Gesetzmäßigkeiten.

Der heuristische Blick auf die sprachliche Struktur, auf den Zusammenfall des semantisch Entgegengesetzten eröffnet ein erhebliches kulturanalytisches Potenzial, wie man es an Freuds Auseinandersetzung mit dem Tabu in *Totem und Tabu* (1913), an Georges Batailles Auseinandersetzung mit der Erotik in *Les larmes d'Eros* (*Die Tränen des Eros*, 1961) oder an Giorgio Agambens Überlegungen zum Heiligen in *Homo sacer* (1995) ablesen kann.[115] Alfred Lorenzer hat daraus eine tiefenhermeneutische Kulturanalyse abgeleitet.[116] Und das Unheimliche selbst hat sich über Freud hinaus als großes Faszinosum kulturhistorischer und auch kulturtheoretischer Forschungen erwiesen; so hat beispielswiese Mark Fisher eine Konzeption der Differenz von Englisch *weird* (›fremd, eigenartig, gruselig‹) und *eerie*

114 Baudry 1971, S. 63, 70.

115 Robert Pfaller, *Das schmutzige Heilige und die reine Vernunft. Symptome der Gegenwartskultur*, Frankfurt a. M. 2008.

116 Lorenzer 1986.

(›furchterregend, schaurig, schauerlich‹) explizit »beyond the Unheimlich« vorgelegt.[117]

Freud setzt dabei nicht auf eine mögliche Filmanalogie des Traums bzw. auf die Traumanalogie des Films. Vielmehr hat er die literaturanalytischen Implikationen aus der *Traumdeutung* für die Literaturanalyse auf das »Grundparadigma« der psychoanalytischen Literaturanalyse, nämlich die »Traumanalogie«[118] als »Ars analogia«[119] gestützt. Traum und literarischer Text werden durch das Mehrebenenmodell ihrer semantischen Struktur, oder strukturalistisch gesprochen: ihr Charakter als überdeterminierter Text analogisierbar. Beim Traum meint das das Zweiebenenmodell von manifestem Trauminhalt und latenten Traumgedanken.[120] Freud selbst hatte diese Idee schon in den *Studien über Hysterie* 1895 am Symptom entwickelt, das »mehrfach determiniert, überbestimmt«[121] sei. Daraus lässt sich die strukturalistische Idee eines überdeterminierten, soll heißen: literarischen Textes gewinnen.[122] In diesem Traum »lassen sich offensichtlich jene textuellen Verfahrensweisen und Strukturen fassen, deren bevorzugter Ort der schriftlich fixierte Text (die Literatur) ist«[123]. Und nur so ist die Entwicklung der Psychoanalyse zu denken: Am Paradigma der Traumanalogie entwickelt sich Psychoanalyse als Literaturanalyse, oder, wie Goebel es ausdrückt:

117 Fisher 2016.
118 Pfeiffer 2006, S. 335; Schönau 1991, S. 85–89.
119 Goebel 2017, S. 27.
120 Kurz 2008, S. 35.
121 GW I, S. 294.
122 Kurz 2008, S. 35; Hörisch 2006, S. 27.
123 Baudry 1971, S. 60.

»Traumdeutung und psychoanalytische Literaturdeutung beginnen synchron.«[124]

Die Vorsilbe ›un‹ ist somit (auch) zur Wegmarke zwischen dem Text der Novelle und ihrer Interpretation geworden. Freud geht dabei durchaus struktural vor. Ein anderes wunderbares Beispiel solch einer Interpretation findet sich in der *Psychopathologie des Alltagslebens* (1905), wo Freud sogar in einer Skizze zeigt, wie sich das sprachliche Material überdeterminiert organisiert.[125]

Das Selbstverständigungsmodell des Literatur analysierenden Psychoanalytikers ist daher auch der Detektiv,[126] insoweit der Detektiv (prototypisch steht hierfür Arthur Conan Doyles Sherlock Holmes) tatsächlich auch ein strukturaler Zeichenanalytiker, ein Semiotiker ist, und Detektiv und Analytiker sich beim Spurenlesen treffen, also auf dem Gebiet einer grundlegenden Semiotik.[127]

Daraus resultiert auch ein anderes Modell von Interpretation. Interpretation ist dann weniger hermeneutisch als Sinnzuweisung, sondern bestenfalls als Entzifferung[128] oder Spurenlesen[129] und eigentlich als strukturale Textanalyse zu verstehen, wie Baudry anmerkt: »Die Traumdeutung und die Psychopathologie des Alltagslebens [aber auch *Das Unheimliche*; O. J.] sind dann vor allem Text-Analysen, die Struktur, Neuordnung und Neuverteilung

124 Goebel 2017, S. 11.
125 GW IV, S. 9.
126 Rohrwasser 2005, S. 17–86; Haselstein 1991, S. 22–31; Shepard 1986.
127 Eco/Sebeok 1985.
128 Haselstein 1991; Rohrwasser 2005, S. 37–50.
129 Rohrwasser 2005, S. 33 (zum *Sandmann*).

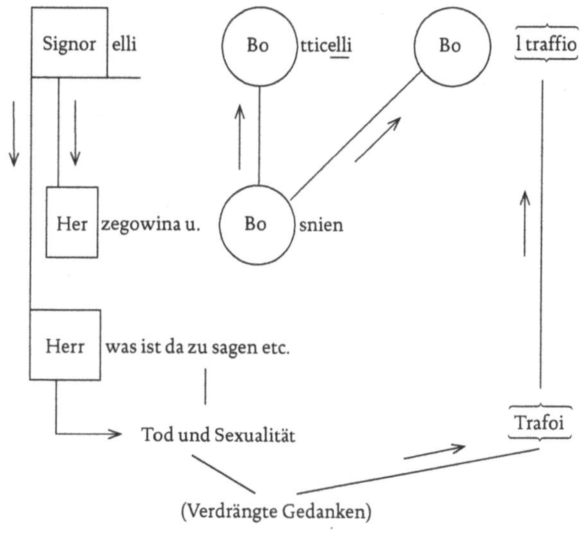

Schema zur Psychodynamik des Vergessens, aus Freuds *Zur Psychopathologie des Alltagslebens* (1901)

des verdrängten Textes zum Vorschein bringen.«[130] Gleichermaßen wird damit der Wissenschaftsstatus der psychoanalytischen Interpretation/Hermeneutik methodologisch abgesichert. Es reicht nicht aus, die Metapsychologie zu kritisieren, Kritik muss vielmehr bei Zeichendeutungen ansetzen.[131]

130 Baudry 1971, S. 59.
131 Doch auch diese Methode ist nicht vor Kritik gefeit. Karel van

Damit wird auch verständlich, wo und inwieweit Freud sich von Jentsch absetzt. Ging Jentsch noch von einem »Zweifel an der Beseelung eines anscheinend lebendigen Wesens und umgekehrt« (S. 16)[132] aus (Nathanael ist sich unsicher über den ontologischen Status von Olimpia; er verwechselt die Puppe mit einer lebenden und lebendigen Person, was eine Situation der Uneindeutigkeit herbeiführt), so verschiebt Freud den Fokus auf das titelgebende »Motiv des Sandmannes, der den Kindern die Augen ausreißt« (S. 17), und damit auf das Feld der Zeichen bzw. auf die Frage, wofür die Augen zeichenhaft stehen.

Das Drama des kindlichen Nathanael ist direkt mit den Augen verknüpft; sein Kindheitstrauma besteht ja darin, dass Coppelius, der mit dem Vater alchimistische Experimente macht, Nathanael die Augen ausreißen will. Die Wiederkehr des Traumas ist zugleich eine Textstruktur, denn die Augen haben auch bei der Puppe Olimpia eine fatale Bedeutung, denn ihr werden sie tatsächlich ausgerissen. Die Augen sind semantisch durchgängig im Text präsent, zum Beispiel auch über den Wetterglashändler Coppola, jenen Wiedergänger Coppolas.

Die Augen bilden auf diese Weise eine semantische Isotopie, also eine minimale Variante des Ausgangsstoffes, und jedes Vorkommnis der Augen verweist metonymisch auf die anderen Vorkommnisse. Auch wenn Freud dies nicht in strukturaler Form durchführt, so liegt doch seine

het Reve hat gezeigt, dass die angeblichen deduktiven Zeichendeutungen von Holmes bzw. Freud so überzeugend nicht sind, wenn man ihren eigentlich induktiven Charakter erst einmal durchschaut hat (Reve 1994; s. a. Shepard 1986, S. 53–56).

132 Jentsch 1906, S. 197.

Frage nahe, wenn man alle diese metonymischen Beziehungen zusammennimmt, für was die Augen metaphorisch eigentlich wirklich stehen. Freuds Vorschlag mag Kritik geradezu herausfordern, aber er ist auch nachvollziehbar: die Augen stehen für das männliche Genital, ein Befund, der vor allem ex negativo plausibel wird. Nathanael hat Angst, seine Augen und mit seinen Augen (zumal im Kontext der Aufklärung, die ohnehin die Subjektkonstitution auf visuelle Metaphern stützt) sich selbst, also seinen Status als Subjekt zu verlieren. Man muss nicht (und Freud tut dies ebenso wenig) in diesem Zusammenhang auf die biblische Gleichsetzung von Erkennen und Sexualität abheben,[133] um zu erkennen, dass Augen und Genital beiderseits Metaphern für das sind, was das Subjekt konstituiert. Über Freud könnte man mit Foucault sogar hinausgehen und Nathanael als literarische Figur an einer historischen und erkenntnistheoretischen Umbruchstelle sehen, an der die Subjektkonstitution von Erkenntnis auf Sexualität umgestellt wird. Vor der Folie der Traumanalogie drängt es sich geradezu auf, Metapher und Metonymie als Verdichtung und Verschiebung in der Traumarbeit zu verstehen.[134]

Doch für Freud ist es wichtig, dass das Unheimliche nicht auf der symptomalen Ebene einer Oberflächensemantik verbleibt, sondern tatsächlich Auswirkungen auf das Subjekt als solches hat. Der Text *Sandmann* stößt für

133 Vgl. etwa schon 1. Mose, 1,4: »Und Adam erkannte sein Weib Eva, und sie ward schwanger und gebar den Kain und sprach: Ich habe einen Mann gewonnen mit dem HERRN« (Lutherbibel 1912).

134 Haselstein 1991, S. 81; Kammer 2017, Koppenfels 2017, S. 60; Goebel 2017, S. 34; Wulff 1975, S. 422 f.

ihn an seine Grenzen, und aus diesem Grunde wechselt Freud zur Doppelgängerthematik in Hoffmanns Roman *Die Elixiere des Teufels.* Denn der Doppelgänger ist im besonderen Maße auch im Kontext der romantischen Schauerliteratur von herausragender Brisanz, weil er auf radikale Weise eine intellektuelle, aufklärerisch begründete Subjektkonstitution in Frage stellt.[135] Der Doppelgänger inszeniert die Wiederkehr des Verdrängten als Form der unheimlichen Selbstbegegnung.[136]

Eine andere, aber in vielerlei Hinsicht vergleichbare Konzeption des Unheimlichen zeichnet sich in Martin Heideggers (1889–1976) frühem philosophischem Hauptwerk *Sein und Zeit* (1927) ab, ohne dass er dabei jedoch explizit auf Freud eingehen würde.[137] Für ihn ist das Unheimliche nicht sprachlich, nicht psychisch, sondern existenziell bedingt. Auch er nimmt den Begriff zunächst wörtlich: »Unheimlichkeit meint aber dabei zugleich das Nicht-Zuhause-sein.«[138] Das Unheimliche ist mit der Angst als einem grundlegenden Existenzial verbunden, also einer fundamentalen Bestimmung des Daseins des Menschen. Diese Angst hat keinen Gegenstand: »Das Wovor der Angst ist das In-der-Welt-sein als solches.«[139] In der Angst wird dem Menschen daher überhaupt erst sein Dasein bewusst; es erschließt sich ihm. Dies führt zu Heideggers Bestimmung des Unheimlichen:

135 Vgl. dazu Wortmann 2017.
136 Gutjahr 2017.
137 Bartels 1976, S. 146–155.
138 Heidegger 1984, S. 188.
139 Ebd., S. 186.

> Die Unheimlichkeit enthüllt sich eigentlich in der Grundbefindlichkeit der Angst und stellt als die elementare Erschlossenheit des geworfenen Daseins dessen In-der-Welt vor das Nichts der Welt, vor dem es sich ängstet in der Angst um das eigenste Seinkönnen.[140]

Unheimlich ist also die Selbstbegegnung des Menschen mit sich selbst und seiner eigenen Endlichkeit, seiner Todesverfallenheit, seinem ›Sein-zum-Tode‹. Ganz in diesem Sinne ist für Hélène Cixous die »Gestalt des Unheimlichen [...] das wiederkehrende Gespenst. Das Gespenst ist die Fiktion unserer Beziehung zum Tod, die durch das Gespenst und in der Literatur konkretisiert wird.«[141] Unheimlich ist also in letzter Instanz immer das Gewahrwerden des eigenen Todes, weil es die eigene Existenz ausmacht.

Zurück zu Freuds Aufsatz: Am Ende des zweiten Abschnitts und im dritten, letzten Abschnitt finden sich weitere Eigentümlichkeiten. Zum Ersten umschreibt Freud das Unheimliche als Grenzverwischung »zwischen Phantasie und Wirklichkeit« (S. 41) und kommt damit zu einem Ergebnis, das der Definition von Jentsch recht nahe liegt, von der er sich aber eigentlich abstoßen wollte.[142] Zum Zweiten relativiert Freud selbst seinen Befund, denn er wolle »nicht verschweigen, daß sich fast zu jedem Beispiel, welches unseren Satz« vom Zusammenfall des Unheimlichen mit dem Heimlichen/Heimischen/Vertrauten »ein analoges finden läßt, das ihm widerspricht« (S. 43). Und

140 Ebd., S. 276.
141 Cixous 2006, S. 54.
142 Kremer 2008, S. 63.

zum Dritten unterscheidet Freud am Ende seines Aufsatzes zwischen dem »Unheimlichen im Erleben« und dem »Unheimliche[n] der Fiktion« (S. 48)[143] und hält fest (im Original gesperrt gedruckt):

> Das paradox klingende Ergebnis ist, daß in der Dichtung vieles nicht unheimlich ist, was unheimlich wäre, wenn es sich im Leben ereignete, und daß in der Dichtung viele Möglichkeiten bestehen, unheimliche Wirkungen zu erzielen, die fürs Leben wegfallen. (S. 49.)

Detlef Kremer mahnt an, dass sich Freud vor diesem Hintergrund fragen müsste, »warum er selbst den Umweg über fiktive Beispiele gewählt hat«[144].

Man kann das Pferd jedoch auch andersherum aufzäumen und in der Tatsache als solcher jenseits von Freuds eigener Einsicht eine versteckte Bestätigung des Eigenrechts der Literatur sehen. Psychoanalyse ist daher Textanalyse und im Wesentlichen Literaturanalyse, sofern sie sich als Wissenschaft versteht und auf Gesetzmäßigkeiten abhebt, wie sie nur in der Sprache – also: in der sprachlichen Form des überdeterminierten, also literarischen Textes – vorkommen. Ihre Untersuchungsgegenstände – Triebstrukturen, Sexualität, angstbesetzte Affekte, neurotische Symptome – werden erst Gegenstand einer Analyse und mithin einer wissenschaftlichen Untersuchung, sofern sie sich sprachlich und literarisch und mithin unter den semantischen und ästhetischen Gesetzmäßigkeiten des sprachli-

143 Alt 2016, S. 627; Kremer 2008, S. 63.
144 Kremer 2008, S. 64.

chen und literarischen Textes ausdrücken. Oder anders gewendet: Vielleicht sind nur literarische Träume (Phantasien, Texte) der Psychoanalyse zugänglich. Psychoanalyse ist also in ihrem Kern und ihrem Wesen nach auf konstitutive Weise sprachlich, literarisch, rhetorisch, kulturell orientiert und gehorcht daher anderen wissenschaftlichen Paradigmen: Sie »stützt sich nicht auf Laborpräparate, Experimente oder Texte, sondern auf Leidensgeschichten«[145], mithin auf Gespräch, Geschichte, Erzählung, Texte, Literatur.

Wie verhält es sich mit anderen Medien? Im Zusammenhang mit dem Aufsatz zum *Unheimlichen* wirft Michael Rohrwasser eine interessante Frage auf: Warum hat das »moderne Medium des Unheimlichen, der Film, wo Zeitebenen, Perspektiven und Scheidungen zwischen Traum und Wirklichkeit sich auflösen, keinen Eingang in Freuds Text gefunden«?[146] Diese Frage ist mehr als berechtigt, kann doch gerade der Film Phänomene des Unheimlichen in ihrer eigenen Medialität – nämlich als visuelle Phänomene – inszenieren, allen voran den Doppelgänger,[147] wie zum Beispiel im Film *Der Student von Prag* von Stellan Rye aus dem Jahr 1913. Rohrwasser führt dafür zwei Gründe an: Freud erschien zum einen »das Kino als neue Mode [...], der sich der 63-jährige nicht mehr öffnen wollte«. Zum anderen könnte der Grund auch »daran liegen, dass die Bilder, die der expressionistische Film von der Psychoanalyse entwarf, kaum dem positiven Selbstverständnis der Psycho-

145 Alt 2016, S. 17.
146 Rohrwasser 2005, S. 19.
147 Gutjahr 2017.

analyse entsprachen«[148]. Wohl kaum eine Rolle könnte gespielt haben, dass das Kino noch nicht sozusagen satisfaktionsfähig (bzw. die Beschäftigung mit ihm rufschädigend) war, denn auch im Feld der Literatur empfiehlt Freud (in *Der Dichter und das Phantasieren*) durchaus den Blick auf die »anspruchsloseren Erzähler von Romanen, Novellen und Geschichten, die dafür die zahlreichsten und eifrigsten Leser und Leserinnen finden«[149], wie auch seine Auswahl der ihm zehn liebsten Bücher beweist.[150] (Er selbst folgt seiner Empfehlung, als er ein Jahr später Wilhelm Jensens Novelle *Gradiva* analysiert.)

Interessanter erscheint ein anderer Hinweis von Rohwasser, Freud habe »das Kino auch als ein Konkurrenzsystem« empfunden.[151] Tatsächlich scheint die Mediendifferenz entscheidend zu sein. Freuds Psychoanalyse ist auf die Literarität (Schriftlichkeit) der Literatur konstitutiv angewiesen. Bemerkenswert ist, dass Freud auf den Film *Der Student von Prag* nur als »Dichtung« in der Form des Drehbuchs von Hans Heinz Ewers referiert (S. 29, Anm. 7 [Anm. 2 zu 310]). Die mögliche Traumanalogie des Films mit seinen eigenen technischen Möglichkeiten bleibt ungenutzt,[152] weil die Traumanalogie für Freud anscheinend nur

148 Rohrwasser 2005, S. 20.

149 *Der Dichter und das Phantasieren*, in: *»Der Dichter und das Phantasieren«. Schriften zur Kunst und Kultur*, S. 101–112, hier S. 107.

150 Siehe S. 82, Anm. 8 sowie Goebel 2007, S. 16.

151 Rohrwasser 2005, S. 20.

152 Anders als in der weiteren Theorieentwicklung, siehe Zeul 2006, S. 405–409.

im wechselseitigen Austauschverhältnis von Literatur und Psychoanalyse funktioniert.

Aus genau der entgegengesetzten Perspektive hat Norbert Altenhofer bestritten, »Traumtext und literarischer Text« könnten

> nicht in eins gesetzt werden, weil eine individualisierende Deutung des Traums nur mit Hilfe der Assoziationen des Träumers möglich ist und die generalisierende Analogie zwischen literarischen Werken und typischen Träumen – auf die Freud hier rekurriert – bei ohnehin begrenztem Anwendungsbereich nur wenig differenzierte Ergebnisse zutage fördert.[153]

Die mangelnde Kommunikatibilität des Traums »bedeutet eine gravierende Einschränkung der Vergleichbarkeit von Traum und literarischem Text«[154]. Diese Sichtweise ist konzeptionell von besonderem Interesse, weil sie ein altes hermeneutisches Problem herausarbeitet, das die Psychoanalyse mit ihrer Analogie von Traum und literarischem Text aus Altenhofers Sicht nicht lösen kann, nämlich die Vermittlung der Individualität des Traumes mit der Allgemeinheit der Sprachlichkeit des literarischen Textes. Genau diese Vermittlung leistet der literarische Text selbst und nur der literarische Text – und jede Hermeneutik hat sich, wie Manfred Frank gezeigt hat, auf das individuelle Allgemeine des literarischen Textes einzustellen.[155]

153 Altenhofer 1982, S. 213

154 Ebd., S. 226.

155 Frank 1985.

Genau mit diesem Befund ist aber auch eine genaue Beschreibung der eigentlichen Aufgabe der Psychoanalyse als Literaturanalyse gegeben. Sie hat nämlich den Zweck, zwischen dem Individuellen und dem Allgemeinen zu vermitteln. Insofern kann sie eine wissenschaftlich geforderte strikte Trennung zwischen Objekt- und Metasprache gar nicht aufrechterhalten, »Metasprache« ist immer schon »angesteckt«[156]. Daraus resultiert nicht nur das »Darstellungsproblem der Psychoanalyse«[157] und die Frage nach der »Poetik der Psychoanalyse«[158], sondern zugleich die Antwort auf diese Frage: Ihr Darstellungsproblem *ist* ihre Poetik. Mit Blick auf die Analysen von Mythen (und mithin auch von Literatur) kann daher Jean Starobinski der Psychoanalyse den Charakter einer »Mythopoiesis«[159] (also das Erstellen von Mythologien) zusprechen – und Freud selbst hat mehrfach z. B. die Trieblehre als »unsere Mythologie«[160] bezeichnet.

Das Verhältnis der Psychoanalyse des Unheimlichen zum Unheimlichen der Psychoanalyse

Die Psychoanalyse (Freud'scher Provenienz) ist in ihrer Diagnostik also auf eine Symptomatik angewiesen, die ihrerseits nur im Medium des Schriftlichen und des Textuellen mit ihren Überdeterminierungen, kurz: in Literatur

156 Starobinski 1973, S. 101.
157 Lüdemann 1994, S. 11; s. a. Geisenhanslüke 2008, S. 10.
158 Goebel 2017, S. 39.
159 Starobinski 1973, S. 99.
160 GW XV, S. 101.

und Kunst verwirklicht werden kann. Pointiert ausgedrückt: Die Psychoanalyse kann keine Therapie sein, sie ist eine Hermeneutik.

Die daraus resultierenden Implikationen reichen weit. Am besten können sie mit dem Chiasmus beschrieben werden, den Martin von Koppenfels wählt, um einer Poetik der Psychoanalyse auf die Spur zu kommen: »Rhetorik des Unbewussten – Unbewusstes der Rhetorik«.[161] Wenn Psychoanalyse wesentlich Literaturanalyse und dadurch nicht nur Objekt- und Metasprache zugleich, sondern die Psychoanalyse selbst literarisch kontaminiert ist, dann muss ihr analytischer Zugriff immer zugleich an der Literatur das identifizieren, was sie im Kern selbst ist. Sucht sie also nach einer Rhetorik des Unbewussten, muss sie zwangsweise auf das Unbewusste der (bzw. ihrer) Rhetorik stoßen. Bei Samuel Weber liest man, »dass die Macht und Wirkungsweise des Unbewussten notwendig auch für die Schriften Freuds – die das Unbewusste theoretisch erschlossen haben – bestimmend sein müssen«[162]. Insofern muss man auch ein »Unconscious of psychoanalysis« wie Shosana Felman voraussetzen.[163] Sie hat am Beispiel von Henry James' *The Turn of the Screw* gezeigt, dass eine Lektüre des Unheimlichen in eine unheimlichen Lektüre (»uncanny reading«) umschlagen müsste.[164] Oder anders gewendet: Die Psychoanalyse des Unheimlichen (eben weil sie eine Literaturanalyse ist) offenbart auch den Umstand, dass die Psychoanalyse selbst unheimlich sein kann. Freud

161 Koppenfels 2017, S. 60.
162 Weber 2002, S. 14.
163 Felman 2002, S. 10.
164 Ebd., S. 94–104.

selbst gibt das zu: »Ja, ich würde mich nicht verwundern zu hören, daß die Psychoanalyse, die sich mit Aufdeckung dieser geheimen Kräfte beschäftigt, vielen Menschen darum selbst unheimlich geworden ist.«[165] Und Burkhart Lindner spitzt dies auf den Aufsatz zum *Unheimlichen* zu, denn dieser sei »der Text, in dem die Psychoanalyse sich selbst einen Augenblick lang unheimlich wird«[166]. Wenn nun aber gerade der Doppelgänger jene paradigmatische, visuell feststellbare und subjektive Erfahrung des Unheimlichen präsentiert und dieser Chiasmus gilt, dann bedeutet dies zuerst, dass die gedoppelte und daher wahnsinnig gewordene Figur zum Doppelgänger des Autors wird: »Denn dieses Werk errichtet seine Poetologie, indem es den Wahnsinnigen als den negativen Doppelgänger des Dichters bestimmt.«[167] Es bedeutet aber auch, nach dem Spiegelmodell des »psychoanalysierte[n] Psychoanalytiker[s]«, dass »Hoffmann [...] immer deutlicher zu Freuds Doppelgänger«[168] wird.

Zu Recht berühmt ist der hier bereits zitierte Geburtstagsbrief Freuds an Arthur Schnitzler vom 4. Mai 1922, in dem Freud seine unterbliebene Kontaktaufnahme mit der »Doppelgängerscheu« erklärt oder rechtfertigt. Jürgen Wertheimer hat gezeigt, dass eine solche Doppelgängerscheu nur deswegen auftreten kann, weil sich nicht nur die Personen, sondern vor allem ihre Tätigkeiten als Doppelgänger begegnen. In diesem Sinne wären Literatur und Psychoanalyse schon immer Doppelgänger gewesen:

165 GW XII, S. 257; s. a. Lindner 2006, S. 33.
166 Lindner 2006, S. 36.
167 Kittler 1977, S. 142, s. a. 165.
168 Cixous 2006, S. 52

> Je länger man darüber nachdenkt, umso klarer tritt hervor, dass Freuds Ängste vor zu viel Nähe keine Chimären waren. Zu eng sind die Verfahren der Analyse und der Literatur in ihrer Vorgehensweise aneinander angelagert, als dass man unbedarft und ungestraft in Kontakt miteinander treten könnte.[169]

Insofern ist der Aufsatz zum *Unheimlichen* auch ein Dokument dieser Doppelgängerschaft von Literatur und Psychoanalyse.

169 Wertheimer 2007, S. 134.

Inhalt